你不努力,
谁也给不了你想要的生活

李正蕊◎编著

辽海出版社

图书在版编目（CIP）数据

你不努力，谁也给不了你想要的生活 / 李正蕊编著
. -- 沈阳：辽海出版社，2019.10
　　ISBN 978-7-5451-5645-4

　　Ⅰ.①你… Ⅱ.①李… Ⅲ.①成功心理－通俗读物
Ⅳ.① B848.4-49

中国版本图书馆 CIP 数据核字（2019）第 245337 号

你不努力，谁也给不了你想要的生活

责任编辑：柳海松
责任校对：顾　季
装帧设计：廖　海
开　　本：880mm×1230mm　1/32
印　　张：6
字　　数：138 千字
出版时间：2019 年 12 月第 1 版
印刷时间：2019 年 12 月第 1 次印刷

出版者：辽海出版社
印刷者：北京一鑫印务有限公司

ISBN 978-7-5451-5645-4　　　　　　　　定　价：59.80 元
版权所有　翻印必究

目 录

第一章 只有努力，才能过想要的生活

心有多大，世界就有多大 / 002

世上没有天生的赢家 / 005

你为什么总是失败 / 009

循序渐进走稳前行步伐 / 015

忍辱负重成就人生事业 / 018

一往无前，不给潜能设限 / 021

坚定意志撞了南墙也不回头 / 025

不懈追求，天生我材必有用 / 028

处事低调，展现成熟的风度 / 031

加强自身修养，不断地完善自我 / 034

第二章 潇洒生活，不要在乎别人说三道四

没有必要为了攀比而活 / 040

放松心态做自己想做的事 / 045

学会享受孤独的乐趣 / 048

自由自在，何不潇洒走一回 / 054

快乐其实很简单 / 060

爱生活就要爱自己 / 064

随时秀出最好的自己 / 070

不必事事追求完美 / 075

扮演好自己的角色 / 080

享受工作带来的乐趣 / 085

第三章　生活的磨难，我们只能选择面对

谁的人生也不可能一帆风顺 / 090

上帝不会对某一人不公平 / 093

抱怨，只会使你更加困顿 / 098

包容你遭遇到的不平事 / 102

你的教养，全都写在脸上 / 105

不幸是人生的催化剂 / 108

微笑着面对人生的逆境 / 116

把负能量变为正能量 / 119

你不如人，是你不努力 / 126

你为何被人看成是小人物 / 132

让苦难开出希望之花 / 138

第四章　这个世界，不是你一人在奋斗

幸福人生要用心灵体会 / 144

时刻感恩我们的亲人 / 148

真诚地爱你的另一半 / 154

你能伤害的，永远是最爱你的人 / 158

不要贩卖爱、忠诚和友谊 / 163

朋友是我们一生的依托 / 165

不要忽视你生命中的贵人 / 172

宽容地对待每一位同事 / 176

善待下属，众志成城 / 179

人世残酷，但也有真情 / 185

第一章
只有努力，才能过想要的生活

　　名车、别墅、奢侈品，别人的生活，看起来总是那么美好，而我们的生活，却与理想相差甚远。不要以为他们是上帝的宠儿，事实上。每个人的成功，都来之不易，只不过别人付出的时候你没有看见，而人家享受时偏偏被你发现。

　　你如果想让自己过上梦想的生活，只有一条路可走，那就是丢掉幻想，努力工作。

心有多大,世界就有多大

古往今来,成功人士的经验无不告诉我们,成功源自理想。心有多大,世界就有多大。理想最大的意义就是给了人们一个方向、一个目标。天下之大,不管是哪一个伟人,只要是有成就者,做任何事情无不是先树立伟大的理想。

远大的理想是我们伟大的目标。仅仅拥有理想,不一定能成功;但如果没有理想,成功对你而言就无从谈起。如果做事情没有理想,没有目标,那么其结果会是怎样的呢?有人说过:"没有理想的人生,不叫真正的人生。"让我们来看一个关于理想的故事吧。

一位年轻的妈妈正在厨房里洗碗,她5岁的儿子正在后院里玩耍,忽然她听到了一阵"咚咚"的跳跃声,便对他喊道:"你在干什么呢?"

儿子稚嫩地回答说:"妈妈,我要跳到月球上去。"

妈妈听了并没有做出一副吃惊的样子,或是不屑一顾的表情,而是关切地说:"好的,但是不要忘记回家吃饭呀!"

后来,这个小孩长大后,成了世界上第一个登上月球的人,他就是美国著名的宇航员阿姆斯特朗。

由此可以看出，一个远大的志向对于一个人的人生的重要性。当然，也许有人会说，阿姆斯特朗的成功只是一个偶然，甚至是一个巧合，和他小时候的志向没有关系。那么，下面的一项调查也许更能说明这一个问题。

英国的研究人员曾经做过一项长达30余年的调查，他们针对上万名英国人进行跟踪调查，被调查的对象为11岁左右的孩子，研究者让他们在纸上写下自己对未来的展望，然后封存起来，直至他们42岁的时候再开启。

结果发现，具有远大志向的孩子，长大以后的人生更容易成功。在11岁时便有专业技术职业抱负的孩子当中，约有一半的人在42岁的时候从事这类职业，而没有此类抱负的孩子的比例只占20%。

理想是一个人的信仰。它是人在做事情时候的动力。并且，理想也理应被渲染上浪漫的色彩。它是一个人心里的美好世界。

理想，是永远闪耀在夜幕中的那颗最亮、最炫目如钻石般的星；理想，是炽热无边的沙漠里那座看得见却始终走不近的城市；理想，是一张拉满的弓，鼓起的帆。有理想才会有坚定的信念、不懈的追求，才会有缤纷绚丽的人生。

理想是成功路上的一盏明灯，它照亮你前进的方向。如果你不知道自己的方向，你就会谨小慎微，裹足不前。不少人终生都像梦游者一样，漫无目标地游荡，他们每天都按照熟悉的"老一套"生活，缺少做梦的能力，从来不问自己："我这一生要干什么？"他们对自己的作为很不了解，因为他们不再做梦，不再有理想。

理想是石，敲出星星之火；理想是火，点燃熄灭的灯；理想是灯，照亮夜行的路；理想是路，引你走到黎明。理想开花，桃李要结甜果；理想抽芽，榆杨会有浓荫。

一个具有远大理想的人，同时也会具有坚定不移的决心、信心和毅力，在困难面前不动摇、不退缩、不迷失方向。通常，理想远大的学生都会有较强的成就动机，其积极性、自觉性、主动性、意志力都较强，因而，学习成绩也相对优异。相反，不考虑自己将来做什么工作，没有想过将来做什么的人，没有明确的目标，表现在学习上是消极被动、敷衍应付的，成绩也多不理想。

人生，需要理想，成功的人生更离不开理想。如果翻开史册，你便会发现，自古以来，凡是在事业上有所成就的人必定是青少年时代就胸怀大志的。

人生，是一艘船，理想便是指引方向的罗盘；人生，是一列火车，理想便是延伸道路的铁轨。所以，人生不能没有理想，理想之于人生，犹如空气之于人，阳光之于花草，水之于鱼。

如果人生没有理想，就像小溪的流水只能带走凋谢的青春花瓣；如果人生没有理想，就像山间燃烧的野火已失去了原有的生命色彩；如果人生没有理想，那么青春的活力只消失在低吟浅咏的哀叹中，青春的火焰只能熄灭在杯的泡沫中。

只有树立了崇高的理想、远大的抱负，你才有可能成就伟大的事业。可以说，理想一旦确定了，你就成功了一半，这就好像要远航的帆船有了宽大结实的风帆，不管途中风再大、浪再高，只要坚持心中不灭的信念，它总会带领你驶向成功的彼岸。

世上没有天生的赢家

从前,有一位聪明的国王召集全国的智者说:"我要你们收集'人类所有智慧',著书留给后代。"智者离开皇宫之后,经过一段很长时间的努力,终于带回12册巨著,骄傲地把这套"人类智慧全集"呈献给国王。国王看了之后却说:"各位,我相信这是人类智慧的精华,但是内容实在太长了,恐怕没有人想看,还是浓缩一下吧。"

智者只好又回去花了很长的时间,浓缩成一本书。国王仍然觉得太冗长,命令他们再次浓缩。智者挖空心思,呕心沥血,把一本书浓缩成一章,一章又变成一页,一页变成一段话,最后只剩下一句话。

这一次,国王终于满意地说:"诸位,这的确是人类智慧的结晶,如果每个人都能体会这个道理,世界上大部分的问题就都能解决了。这一句话就是:'天下没有免费的午餐。'"

好笑的是,虽然有责任心的人都同意"天下没有免费的午餐",但是他们却经常赞成赌博、赛马、赛狗及彩券的合法化。难怪年轻人会对父母的价值观混淆不清。有一位智者说:"成功的家庭必须有辛勤工作的父亲和负责家务的母亲。"如果你能赞同父母的这种观念,必能和家人和睦相处。

工作是一切事业的基石,是成功的源头,是天才的根本。

工作能使年轻人比父母更有成就。

把工作所得储蓄起来，就是所有财富的基础。

工作是生活的调味品，爱工作，它才能带给你最大的幸福与成功。

爱你的工作，生活就会甜美、有目标、有收获。

我们研讨工作的重要性时，希望你保持开放的心。你或许知道，有些人的心就像水泥一样，搅拌好之后，就固定得一成不变。其实人的心像降落伞一样，只有张开的时候才能发挥最大的效力。

有些人诚恳地接受能使生活变得更美好的道理，也知道正确心态、健康自我形象、积极人生哲学能带来的美好、快乐人生。可惜他们经常左耳进、右耳出。再强调一次，如果不去实行，任何实际、美好的理论都只是空口说白话。

许多人找到工作之后就不再认真做事。就像问某些人为公司工作多久，回答常是典型的"从公司威胁要开除我开始"。有人问一位雇主有多少员工，他回答："公司人数的一半。"可见有许许多多人每天上下班，却把工作当成瘟疫一样看待。

刚进入企业界时，常听人说爬到高位要牺牲许许多多事。但是几年后才体会到，大多数出人头地的人并不是"付出代价"，而是真正"乐在工作"。因为他们真心喜爱工作，所以工作就成了享受。本书一再强调正确心态的重要性，也就是这个道理。

多年前，金克拉到澳洲演讲时，遇到一个叫约翰乃文的年轻人，他对工作的心态就非常正确。他热爱生命、家庭和工作。他原来兼职推销"世界百科全书"，因工作极为认真，从兼差改为全职。十四年前，升为菲德企业洲地区负责人。最近更成为菲德企业董事会中少有的外国人。

下面这则"标杆杂志"上的故事，也同样说明了对"享受"代价的态度。法国名画家雷诺瓦老年时患关节炎,手部扭曲变形。他的画家朋友马蒂斯看到他只能忍痛用手指夹笔作画,心里非常难过。有一天,马蒂斯问他为什么要强忍痛楚作画,雷诺瓦回答:"痛苦会过去,美却是永恒的。"

有三件事非常难做,第一件是爬上正向你身上倒下的篱笆,第二件是吻一个用力把身子挪开的女孩,第三件是帮助一个不想要人帮助的人。

常听人说:"要是有人给我一笔钱,让我付清所有欠款,银行里还能再结余一千元,这辈子我就可以重新起步好好走下去了。"不幸的是,很多人都有这种观念,永远在"等待"别人带领他们迈出第一步。我赞成在别人需要时伸出双手,但更要坚信:"给人一条鱼,只能让他饱餐一顿;教他钓鱼的方法,却可以使他终生受用。"给人一笔钱,并不是助人的正确方法,因为他不是拿这笔意外之财去"还债",就是去买渴望已久的东西,反倒助长了花钱的坏习惯。一旦养成习惯,就难以改变了。

20世纪60年代时,一度风行奖金丰富的彩券,不少人得到7万元、10万元,甚至更多奖金。几年之后,有人对这些得大奖的人进行调查,发现他们当中没有一个人的存款比以往暴增,因为他们并没有把这笔意外之财储蓄起来,而是恣意挥霍。

近年来,幸运中了州政府百万元彩券的人,往往变本加厉,生活糜烂、家庭破裂、事业失败、朋友离散、形象败坏。免费的午餐不但没有使生活更舒适,反而经常使人得不偿失。

金克拉到各地巡回演讲时经常询问听众,他们最希望未来的生活中拥有什么,许多人都提到"安全感"。在谈到工作的尊严及安全时,下面这个例子令人深省。

前几年，瑞典政府向人民保证，政府一定会"照顾"每一个人从出生到死亡的需要。尽管《圣经》上明白阐示，不工作的人就不该吃饭，还是有许多瑞典人觉得政府"应该"照顾他们的生活。大意是说，瑞典政府言而有信，人民看病、生孩子都不必付费，如果收入不足以维持基本生活，政府也会补足差额。

许多人可能觉得瑞典人非常幸福，没有任何烦恼。事实上，瑞典人在西方国家中的缴税额数一数二，青少年犯罪率不断攀升，吸毒率很高，离婚率最高，上教堂的比率最低。

除了这些青少年和中年人的问题之外，老年人又如何呢？这块"安全的乐土"有西欧国家退休人口最高的自杀率。由此可见，自己建立的安全感与退休计划和别人给你的安排之间，有很大的差异。真正的安全是内在的，一定要自己争取，别人是无法给你的。

二次世界大战结束之后，美国人的休闲时间大增，社会及道德问题也大为增加。由于时间太多又无事可做，造成沮丧、精神崩溃、婚姻破裂、酗酒、吸毒及犯罪率暴增等问题。美国文化具有普遍的容忍性以及得过且过的心态，使得问题更加复杂。

工人不再以工作为荣，工作表现大打折扣，产品质量降低，因而找不到市场。美国消费者一向注重质量，于是转而购买进口货，厂商业绩一落千丈。

为了挽救美国，人们必须彻底改变观念，重拾往日的勤俭，才能制造出高质量的好产品，重建美国商品的市场。

字典上对安全的解释是免于危险，免于疑虑或恐惧，不必担心。麦克阿瑟将军讲得好："安全感就是生产能力。"能够满足自我需求，因此得到自尊、自信的人，远比靠别人解决问题的人具有安全感。"工作不仅供给我们生活所需，更赋予我们生命。"只有自给自足并且能奉献助人的人，才会真正感到快乐。

许多老板都同意，现职人员远比失业的人容易找到好工作。失业越久，越不容易找到工作。找到工作是事业的第一步，最不容易迈出。但是只要有了第一份工作，往上爬就容易多了。

许多人找工作时最大的问题，就是对工作要求太多，一心想找"十全十美"的工作或雇主，却没有想到自己未必是十全十美的员工，只知注重薪资、休假、退休等福利。

对于想跳槽的人，这些条件当然有商榷的余地，但是对失业或没有工作经验的人，这些要求未免太高了。别忘了，一般人都是由下往上工作，只有盗墓者才从上往下工作——而他们最后总是置身在洞穴中。

高楼万丈平地起，任何事都必须迈出第一步。一旦开始，继续往下做就不难了。遇到困难或不喜欢的事，更应该立即动手。等得越久，就觉得越可怕。就像第一次站在游泳池的跳板上一样，越是犹豫不决，跳水的成功率就越小。

你为什么总是失败

有的人常常这样想，我与别人同样努力，同样勤奋，为什么别人成功了，我却总是失败？是啊！同样是人，为什么别人成功，你却总是失败？

许多年前，有一则关于300条鲸鱼突然死亡的报道。这些鲸鱼在追逐沙丁鱼时，不知不觉被困在一个海湾里。美国学者哈里斯这样说:"这些小鱼把海上巨人引向了死亡。鲸鱼因为追逐小利而惨死,为了微不足道的目标而空耗了自己的巨大力量。"

哈里斯指出,没有目标的人,就像故事中的那些鲸鱼。他们有巨大的力量与潜能,但他们把精力放在小事情上,而小事情使他们忘记了自己本应做什么。说得明白一点,要发挥潜能,你必须全神贯注于自己有优势并且会有高回报的方面。目标能助你集中精力。

爱因斯坦说:一个人只有全部精力集中于他的事业的时候才能成为一个大师!分得清楚主要矛盾和次要矛盾的人能拿到西瓜,即使他有可能丢了芝麻,而先抓住次要矛盾不放的人,他能得到芝麻,可是,离西瓜的目标就有点远了。

另外,当你不停地在自己有优势的方面努力时,这些优势会进一步发展。最终,在实现目标时,你自己成为什么样的人比你得到什么东西重要得多。

著名的职业顾问罗宾斯也告诫人们:"别把精力放在鸡毛蒜皮这类小事上,多想想大事!不要让那些琐碎的小事情绊住了伟大的灵魂。"

许多人在面临职业生涯选择时总显得犹豫不决,这个现象称为"被艾尔维斯所干扰"。如果你总是"被艾尔维斯所干扰",就永远无法在职业生涯中有所作为,在其他许多重要的方面估计也成不了什么大器。

关于人们这种逃避现实的倾向,亨利·戴维·索洛曾这样描述道:"假设把生活比作开火车的话,如果让人们完全按照本性去生活一天,我敢担保每列火车都会走上岔路而脱轨,谁也不可能一直在直直的轨道上行走。而出岔的原因也许是铁轨上的一个小小的螺丝钉或是空中飞过的一只蚊子。"

"一个小小的螺丝钉和空中飞过的一只蚊子"实际上是不可能让你的火车翻倒的,可人们却往往愿意把注意力分散到这些小事情上去,结果忘记了行驶的方向和手里掌控的方向盘。

主要矛盾和次要矛盾是必须得分清楚的。我们在行驶的过程中,那些蚊子或者是那些螺丝钉,既然它们不会影响我们的行驶,我们大可不必去理睬它们,我们唯一要做的是抓住主要矛盾,先解决主要矛盾。

这蚊子和螺丝钉能不能称得上是次要矛盾?能的话你还是得把它们先放一边,如果连次要矛盾都称不上的话,你最好不要去理睬这些对你的成功无任何帮助的事情。

每个人都有过这样的想法:既然每道难题都有其最好的解决办法,那么我为什么不多想想,从而做出最正确的选择呢?这种在很多人身上都存在的固有的思维方式导致我们原本简单的生活复杂化。

虽然每个人都有自己作决定的独特方法,但不幸的是,很多人都认为自己的选择未必是最正确的。我们无法预知将来,无法提前看到我们的选择究竟会有多少益处,所以害怕将来不遂心愿。

可话说白了,将来的事谁又能把握住呢?最重要的是抓住现在,只要你现在觉得自己是对的就可以了。如果相反呢?也简单,马上改过来!

利用好现有资源,最大限度地让其为你的选择服务;相信自己能够随着局势的变化做出恰当的调整;如果意识到自己的选择是错误的,以最快的速度放弃并给自己找出新的机会。

做决定前,将注意力集中于自己的真实目标上。你可以先问问自己,这些事情是不是主要的,是不是你当前必须处理的大事情,那些小事情,对你的目标没有实质性益处的,就不要理会太多了,即使花时间,也尽量减少那些时间的投入。

在小事情上迅速做决定,别浪费时间和精力,那样做很不值得,不然的话,多年以后你会后悔的。

一种选择的获取同时也意味着对另一种选择的放弃,没有人能够什么都得到,贪婪反而会令你失去全部。因此,应该告诉自己是将最不重要的那一个划掉的时候了,丢掉不必要的负荷,抓住最主要的,这就足够了。

如果面对的问题很复杂,选择的意义很重大,那千万不要草率。深呼吸,放松你的全身,问问自己最想要的是什么。一遍不行,再问一遍。要是还不能决定的话,那就不要勉强自己,这说明现在还不是选择的时候,将问题搁置一下,也许明天的某个时候会有答案来找你。最重要的是一定要放松心情!当我们犹豫不决的时候,不妨出去走走,去散散心,看看蓝天,看看花草树木,说不定主意已经在某个路口等着你。

注意力集中在小事情上的时候,会使自己从更大事情的紧迫中虚假地摆脱出来,让你忘记了你该做的大事情;人的注意力是有限的,把注意力集中在重要的、有效的事情上是提高时间效率的根本。许多人总喜欢抱怨效率不高,时间不够用,实际上是他们往往花了很多时间在那些无谓的事情上,这又是何苦呢?

把小事情列份清单,包括所需要的时间,然后根据实际情况在适当的时候安排完成其中的某些事情,包括每天定期完成某几项。这样你就可以减少那些小事情对你的干扰,避免小事情打乱你正常的思维方式。

不束缚于小事情,让我们做事的眼界更宽阔、更灵活。小事情是指无关大局的细枝末节，非原则的琐事。它的外延非常之广，小到生活琐事，衣着起居之类的。大科学家爱因斯坦整日蓬头垢面，可谓不拘小节；大文豪李白豪放不羁，也是不拘小节。小事情是事物发展的次要矛盾，把握事物的发展更应看方向和主流。

从"成大事者"的主体特点来看，成大事者，绝非普通的成才，他必然在某个领域取得了杰出成就，并对社会产生较大并持久的积极影响。

纵观古今之成大事者，可以发现他们身上共同的特征：一是具有长远的眼光，对事物发展有敏锐的洞察力和预见力，有明细的人生目标和定位；二是他们善于把握事物的主要矛盾，不会拘泥于无原则的琐事上；三是成大事者往往性格独特，不拘小节。若拘于小节，将精力和时间过度地投放在非原则的琐事之上，"眉毛胡子一把抓"，必然对成大事产生阻碍作用。

从理论层面判断，事物的矛盾可分为主要矛盾和次要矛盾，"方向""大局"是事物的主要矛盾，对事物的发展起主导作用；"小节"是次要矛盾。处理问题不能舍本逐末。要知道，解决主要矛盾的同时，次要矛盾也能迎刃而解。

韩信是个个性很强的人，他受胯下之辱，当时怎么就不用身上挎的宝剑杀死那个敢当众侮辱他的人呢？韩信正因为不把这些小事情放在心头，甘受胯下之辱，得以保全了性命，从而为西汉立下了汗马功劳，并名载史册！

当时的情况，如果他要出那口恶气的话，他随时都有可能杀死那个人，可他没有那么做，因为他知道还有更重要的事情等待他去完成，比起后来他所建的功业，受个胯下之辱又如何？

作为一个社会人，我们要从烦琐的事务和干扰中脱身出来，从全面的角度为自己的事业把脉,不要被那些小事情所迷惑而挡住了你的视线。学习"会当凌绝顶,一览众山小"的本领;而不能"舍本逐末;只见树木,不见森林;一叶障目,不见泰山"。韩信胸存大志,目标明确,所以才能够"将军额头能跑马,宰相腹中能撑船"。

著名的德国诗人歌德说过:重要之事不可受芝麻绿豆小事所累。为什么一些人树立了目标却久久不能实现?为什么成大事者总会那么少?因为太多人缺少了"不拘小节"的品质和气魄。

他们很容易被琐碎的小事分散精力,而成大事者就不同了,认准了目标就勇往直前,抛开一切不必要的束缚和羁绊,集中精力做主要之事。久而久之,差距就拉开了,"拘泥小节"的人仍然是一般人,而"不拘小节"的人却成就了大事业。

上帝是公平的,给每个人的时间都是24个小时,不会因为你是成大事者就多给你2个小时。成大事者与一般人相比,有着更卓越的思想和更超群的能力,他们只是集中精力做一般人不能做成或无能力做的大事,而不会拘泥于琐碎小事。就全社会而言,成大事者是稀缺资源,这些稀缺资源只有用到最需要的地方,才能实现效益最大化,否则就意味着重大损失和浪费。

在社会分工日益细化的今天,每个职位的责任和范围更加明确。所谓各司其职,不是说一个领导对下属工作不闻不问,而是说不能越界过多去干涉下属的具体工作。否则,不但自己因为琐碎之事模糊了整体考虑问题的视野,舍本逐末,做不好本职工作,而且会引起信任危机,使下属的积极性受到损害。出力不讨好的事,成大事者是不会去做的。

循序渐进走稳前行步伐

理想可以远大,但做事要根据客观情况,不可急于求成。做事若急于求成,就会像饥饿的人乍看到食物,狼吞虎咽,反而会引起消化不良。

做事迅速的人,并不是事事贪多图快的人,而是办事富有成效的人。赛跑中率先抵达终点的人,并非因为步子迈得大、脚跨得高,而是身体的协调使他冲到了第一。因此,事业不能以耗时长短来论英雄。

一位智者说过:"慢些,我们就会更快。"没错,有人为了显示效率,凡事草草了事,结果得不偿失,使得一件本需一次完成的事情,要重复多次。所以,做事情不要急于求成。

有一个小朋友,他很喜欢研究生物学,很想知道蛹是如何从茧里出来,变成蝴蝶的。

有一次,他走到草原上面看见一个茧,便带了回家。几天以后,这个茧出了一条裂口,看见里面的蝶蛹开始挣扎,想抓破茧出来。

这个过程达数小时之久,蝴蝶在里面很辛苦地拼命挣扎,怎么也没法子出来。这个小孩看了很着急,就想:不如让我帮帮它吧。便随手拿起剪刀把茧剪开,使蝴蝶飞出来。

但蝴蝶出来以后，因为翅膀的力量不够，变得很臃肿，飞不起来。蝴蝶以后再也飞不起来了，只能在地上爬，因为它没有经过自己奋斗。

这个故事说明了什么？说明必须瓜熟，方能蒂落；必须水到，方能渠成。急于求成，反而不成，这正是我们经常说的"欲速则不达"。

那只蝴蝶在茧里面要破开茧飞出来的时候，要很辛苦地挣扎，而挣扎的过程实际上是锻炼它那一对翅膀的过程。

如果通过它的努力，最后将这个茧冲破，便可以一飞冲天。但是这个小孩帮助它，用剪刀剪开茧，蝴蝶轻而易举地出来了，可是它的翅膀没有经过冲茧的奋斗，是没有力的。所以这个小孩想帮蝴蝶的忙，结果反害了蝴蝶，是欲速则不达。

当然，不急于求成，并不是说我们就放弃奋斗，不再努力做事。相反，我们要更加认真地做事，要懂得循序渐进，一步一个脚印地实现自己的理想。

蜗牛不相信自己的缓慢，一步一个脚印地向自己的目标爬行，终于到达了自己的目的地；水滴不相信自己的脆弱，日复一日，年复一年，一步一个脚印地撞击石块，终于造就了水滴石穿的奇迹；蚕蛹不相信茧的坚硬，一步一个脚印，每天努力一点，终于获得了破茧重生的光明。在生活中，也许你没有一个好的开始，但只要你一步一个脚印，每天努力一点，你终会获得成功。

起初，人本是不会走路的，就像人本身的进化一样，后来学会了走路。因为学会了走路，才可以在以后的人生中，画上一个又一个精彩的感叹号。起初，这地上也是没有路的，但因为走的人多了，于是便形成了一条又一条的路。

而我们，则是这一条条形形色色的路上的一个旅行者。我们从小到大，从会走路开始，便开始了我们漫长的旅途。

其实，我们在不知不觉中，就已经背起了行囊，踏上我们的人生之路。在这个漫长的旅途中，我们会遇到各种各样的事情，可能是我们意料之中的，也可能是我们从未遇到的难以想象的事情；可能会是一帆风顺、没有阻碍，也可能是充满坎坷、布满荆棘。

走羊肠小路，还是宽阔的大路？当然，我们每个人选择的路都不一样，都会选择一条属于自己的路，并且顺着这条路坚毅地走下去。

如果不同的两个人都有坚持到底的信念，那么走出来的路想必也是不错的。相反，如果一个人没有顽强的信念，不能坚持到底，那么他的生活肯定也是不如所愿的。

有时，我们自己站在了一个十字路口，十分迷茫，不知道到底应该如何抉择，是向左、向右、向前，还是向后。但是，无论哪条路，如果没有信心走下去，那么最后的结果只有一个，那就是失败。

走路如此，学习知识当然也是这样。学知识是一个艰苦而漫长的过程，我们只有走稳脚步，才能见到美丽的风景。

成绩对我们来说有好有坏，一时的成绩差是避免不了的。对此，我们不可奢望一步登天，归根结底，就是要一步一个脚印地走下去，并且稳扎稳打，才能把成绩提高。

其实一步一步地走，就是要我们打好基础，唯有基础牢固，才不致被生活中这样或那样的事情难倒。再深奥的知识也是以基础来组合的，总是万变不离其宗。

这就好比修一栋房子，如果地基都没有，能修好吗？总不能把房子修在空中吧！修房，不但要选好地基，并且地基要牢固，如果地基不稳，还谈什么修房子呢？也许刚修了一半，房子就已经散架了。

基础坚固了，我们还得有一颗积极进取的心，心态要摆正。如果成绩差了，不找原因，而是一味地消沉，连同事、朋友的提醒，都视而不见，不落后才怪呢！

所以，我们要明白，如果我们成绩不好，只是暂时的，只要我们好学、勤学、善学，哪怕知识的大山再高、再险，我们都能攀越，登上顶峰。对于学知识，我们要做到的就是稳扎稳打，一步一个脚印！

忍辱负重成就人生事业

忍，是我们的一种情感，是一种自然的反应。同时，忍也是对我们人生的一种考验。人生中处处需要忍，正所谓"退一步海阔天空"，也许你忍一下，误会就会消除了。

人生在世，不可避免要同其他个体发生千差万别、千丝万缕的关系。事物之间总是要相互制约的，一个人在社会中同样不能够随心所欲、无拘无束。

而一个人要想成就一番事业，就必须吃常人不能吃的苦，流常人不能流的汗，忍常人不能忍之忍，归根结底，就是人生怎样运用好这个"忍"字。

每个人在其一生当中，不可能任何事情都是一帆风顺的，总会遇到各种各样的困难与挫折，不管是来自外界的，还是来自自身的，都在所难免。

一个真正想有所成就的人，必然不会以一时一事的顺利与阻碍为念，也不会为一时的成败所困扰，而是去奋发图强，艰苦奋斗，成就功业。"忍一时风平浪静，退一步海阔天空。"为了长远的考虑，何必去计较一时之长短呢?

人生有很多事，需要忍。人生有很多话，需要忍。人生有很多气，需要忍。人生有很多苦，需要忍。人生有很多欲，需要忍。人生有很多情，需要忍。

忍辱负重，对于做大事之人来说，它是成就事业所必须具备的基本素质。能在各种困境中忍受屈辱是一种能力，更是一种本领。小不忍则乱大谋，凡成就大业者莫不如此。

忍是一种宽广博大的胸怀，忍是一种包容一切的气概。忍讲究的是策略，体现的是智慧。"弓过盈则弯，刀至刚则断"，能忍者追求的是大智大谋，绝不做头脑发热的莽夫。

忍不是软弱，也不是窝囊；不是无能，也不是麻木；不是放弃对真理的追求，也不是放弃对原则的维护。

忍是一种眼光，忍是一种胸怀，忍是一种领悟，忍是一种人生的技巧，忍是一种超脱的智慧。

忍是一种美德，是一种风范，是一种高尚的境界，是一种无私的胸怀。没有忍，就没有平静；没有忍，就没有和谐；没有忍，就不存在友谊；没有忍，就谈不上远大的理想。

忍是一种风度。风度不是刻意表现出来的，而是源自遵经守训的内心修养，有德、有识、能忍、能让者方能有风度。

忍是一种勇气。在利益面前忍，是一种失去；在名誉面前忍，是一种牺牲；在情感面前忍，是一种付出。忍，可能使我们暂时失去一些东西，但却会带来永久的幸福；忍可能使我们感到暂时的痛苦，却不会让我们有太多的遗憾；忍可能让我们难过一阵子，但却不会让我们的心灵无法平静。

忍是一种智慧。有些人宁愿在一些小事情、小损失面前死缠烂打也不愿让步，结果和兄弟之间、朋友之间、邻里之间伤了和气，失去了情谊；有些人宁愿在矛盾面前针锋相对，也不愿退让，结果败坏了心情，为人际关系埋下了地雷。而睿智的人，总是以退为进，从长远的角度、积极的意义出发，摆脱现实的困境与纠缠，适当退让，为自己、为他人赢得更宽敞的生存空间。

忍是一种宽容；忍是一种谋略；忍是一种境界。一丝宽让，是积福的根苗。当被别人误解时，要宽容大度。从别人的角度去理解事情的起因，用一种善意的方式处理人际关系，相互理解，相互关爱。

忍，是人生的一种基本谋生课程。懂得忍，游走人生方容易得心应手。当忍处，俯首躬耕，勤力劳作，无语自显品质。不当忍处，拍案而起，奔走呼号，刚烈激昂，自溢英豪之气。

懂得忍，才会知道何为不忍。只知道不忍的人，就像手舞木棒的孩子，一直把自己挥舞得筋疲力尽，却不知道大多数的挥舞动作，只是在浪费自己的体力而已。

有所忍，必有所不忍。所以，这里所讲的"忍"并不是怯懦，也不是无能。从本质上来说，忍是强者的涵养，不能忍正表现出弱者的无奈。

俗话说："宰相肚里能撑船。"肚量小，不能容忍，那是不配做宰相的。忍是修身养性的前提，忍是安身立命的最好法宝，忍是众生和谐的祥瑞，忍是成就大业的利器，忍是生财致富的妙门……为了长远的考虑，何必计较一时、一事之长短？

一个人在自己的生命当中一定要学会忍，只有做到了忍一时之愤，才能够真正地干出一番大事业。我们青少年朋友也是如此，不管是在学习、生活还是以后的工作中，都要学会忍，只有这样，才能为自己打造出一条成功之路。

一往无前，不给潜能设限

生活中，常常有些人自我设限，从而扼杀了自己的潜在能力，使自己拖着沉重的枷锁生活！自我设限，让我们沦为平庸之辈，让我们做事情过于依赖"经验"，让我们畏缩，不敢去追求成功。

因为我们在设限的时候，就在心里默认了一个"限止"，诸如"我不行啊""我不适合""我就只能做这些"之类的暗示，这些往往是人们无法取得伟大成就的原因之一。让我们来看一个有关潜能的小故事吧。

在美国纽约的街头，有一个卖气球的小贩，每当他生意不好的时候，总要向天空中放飞几只气球。这样，就会引来很多玩耍的小朋友围观，他的生意就会好起来。

一天，当他在纽约街头重复这个动作时，他发现在一大群围观的白人小孩子中间，有一位黑人小孩，用疑惑的目光望着天空，他在望什么呢？

小贩顺着黑人小孩的目光望去,他发现,在天空中一只黑色的气球也在飞。黑色,在黑人小孩的心中,代表着肮脏、怯弱、卑劣和下贱。

小贩很快看出了黑人小孩的心思,他走上前去,用手轻轻地触摸着黑人小孩的头,微笑着说:"小伙子,黑色气球能不能飞上天,在于它心中有没有想飞的那一口气。如果这口气足够,那它一定能飞上天空。"

确实,能不能飞上天,关键在于气球里有没有那口气,而不是在于气球的颜色。如果你认为你飞不起来,那你肯定就飞不起来。

很多人,都在限制自己的能力,因为他们对自己没有信心,这样是不会成功的。

你是不是总是在想:不可能的,我身体这么弱,怎么能跑那么远;我脑子这么笨,怎么能够学会;我说话一点也不幽默,别人怎么会喜欢我?

这跟懦夫有什么区别?由于我们的自我设限,导致身体内无穷的潜能和欲望没有发挥出来。自我设限和其他人性的弱点一样,让你沦为平庸之辈!

有科学家曾经做过这样一个实验。

科学家在一个玻璃杯里放了一只跳蚤,发现跳蚤立即轻易地跳了出来。再重复几遍,结果还是一样。根据测试,跳蚤跳的高度一般可达它身体的400倍左右。

接下来实验者再次把这只跳蚤放进杯子里,不过这次在杯上加一个玻璃盖,"嘣"的一声,跳蚤重重地撞在玻璃盖上。跳蚤十分困惑,但是它不会停下来,因为跳蚤的生活方式就是"跳"。

一次次被撞,跳蚤开始变得聪明起来了,它开始根据盖子的高度来调整自己跳的高度。再过一阵子,这只跳蚤再也没有撞击到这个盖子,而是在盖子下面自由地跳动。

一天后,实验者开始把这个盖子轻轻拿掉了,它还是在原来的这个高度继续地跳。三天以后,他发现这只跳蚤还在那里跳。

一周以后发现,这只可怜的跳蚤还在这个玻璃杯里不停地跳着,它已经无法跳出这个玻璃杯了。

我们很多人的遭遇与这只跳蚤极为相似。在成长的过程中特别是青年时期,遭受太多打击和挫折,于是奋发向上的热情、欲望自我限制了。

既对失败惶恐不安,又对失败习以为常,丧失了信心和勇气,变得懦弱、犹疑、狭隘、自卑、孤僻,害怕承担责任,不思进取,不敢拼搏。

这样的性格,在生活中最明显的表现就是随波逐流。成功的火种过早地熄灭了。他们不是抱怨这个世界不公平,就是怀疑自己的能力,他们不是千方百计去追求成功,而是一再地降低成功的标准,即使原有的一切限制已取消。

"玻璃盖"虽然被取掉,但他们早已经被撞怕了,或者已习惯了,不再跳上新的高度了。人往往因为害怕追求成功,而甘愿忍受失败者的生活。

难道跳蚤真的不能跳出这个杯子吗?不是。只是它的心里面已经默认了,这个杯子的高度是自己无法逾越的。

让这只跳蚤再次跳出这个玻璃杯的方法十分简单,只需拿一根小棒子突然重重地敲一下杯子;或者拿一盏酒精灯在杯底加热,当跳蚤热得受不了的时候,它就会"嘣"的一下,跳出杯子。

人有时候也是这样。很多人不敢去追求成功,不是追求不到成功,而是因为他们的心里面也默认了一个"高度",这个高度常常暗示自己的潜意识:成功是不可能的,这是没有办法做到的。"心理高度"是人无法取得成就的根本原因之一。

自我设限是一种较为严重的心理误区,具有这种心理的人往往过分地贬低自己的才能,认为别人是不可超越的,从而使得自己不敢涉足一些原本可以涉足的领域。

在现实生活中,有许多喜欢为自己设限的人,如在追求一个目标的过程中,如果几个回合下来,没有达到自己预期的成效,就会产生"我不行""我根本不是做这件事的料"等消极想法。一个人如果总是给自己设限,那么无形中就给自己套上了一副枷锁,不能放开手脚去做事。

要不要跳?能不能跳过这个高度?能有多大的成功?这一切问题的答案,并不需要等到事实结果的出现,而只要看看一开始每个人对这些问题是如何思考的,就已经知道答案了。

不要自我设限。要每天都大声地告诉自己:我是最棒的,我一定会成功!

曾经有一家跨国企业在招聘中出了这么一道题:"就你目前的水平,你认为10年后,自己的月薪是多少?你理想的月薪应该是多少?"

结果,那些回答数目奇高的应聘者全部被录用。其后招聘官解释说:"一个人认为自己10年后的工薪竟然和现在差不多或者高不了多少,这首先说明他对自己的学习、前进的步伐抱怀疑的态度,他害怕自己走不出现在的圈子,甚至干得还不如现在好。这种人在工作中往往没什么激情,容易自我设限,做一天和尚撞一天钟。他对自己的未来都没有信心,我们又怎能对他有信心?"

实际上,所谓的"不行",只是自己给自己画的一条线而已,只要你再努力一下,只要换一种思考方式,就能够看到胜利的曙光,就会发现原来困难也不过如此。

成功,应该首先始于一个人的意愿。当一个人失去了生活的动力,甚至是万念俱灰时,不论旁人如何为他鼓劲,都是徒劳的,你不愿成功,谁拿你也没办法;但如果一个人有了"不达目的誓不罢休"的念头时,不论周围有多少的反对声,他也会"上刀山下火海",在所不惜,你想成功,谁都阻挡不了。

青年朋友们,永远不要给自己设限!我们应该多多地思考,人生还有更加广阔的天地。

如果你想得到从来没有得到过的东西,那就得去做你从来没有做过的事情,你的潜能就能成为真正的能力,你的人生就会从此改变……

坚定意志撞了南墙也不回头

一个人如果没有了意志,如同草木没有了水一样,逐渐枯萎。如果志向不能实现,那么人生将会变得黯淡无光。古人成就大事毫不缺乏坚忍不拔之志。所以，坚持坚忍不拔之志，成就我们的梦想。

意志坚定能使得人的生命力得到最大限度的发挥，即使败，也败出动人心魄的辉煌来。

坚定的意志，能激励我们不断前进，并最终取得成功。坚强的意志，甚至可以创造出惊人的奇迹。

在现实社会中，志是不容易被阻挡的，有志的人，非常清楚自己人生的价值。"有志不在千里，但无志却判若一世。"意思就是说，志向是人的一生都要去追寻的。

人生的志向，犹如一盏长明灯，照亮着我们人生成功的道路；犹如一首感人肺腑的乐曲；犹如一杯甘醇的清泉，激励着每个人勇往直前、永不言败。

志向是不能被阻挡的，漫漫人生路上，没有人能阻止一个人的志向，一旦你有了志向，就会一发不可收拾，勇往直前，去完成人生奋斗的目标。

可是在现实生活中，很多人一旦自己的愿望和要求不能实现，或遇到困难和打击，他们就会精神萎靡不振，或唯唯诺诺，或马上退缩。

不难发现，那些对奋斗目标用心不专、左右摇摆，对琐碎的工作总是寻找遁词，懈怠逃避的人，注定是要失败的。成功与失败的分水岭就在于意志力的强弱差异：成功者常常是意志力坚强的人，失败者常常是意志力薄弱的人。

我们必须培养自己的意志力，从而获得更大的动力之源，成就自己多彩的人生。在日常的学习和生活中，不管做什么事，坚定的意志力是必不可少的。虽然有许多事情我们不能顺利完成，但如果我们能坚持到最后,能够全力以赴,就会受益匪浅。

其实,每个人的行动都是由自身的意志力决定的,意志力是一个人性格特征的核心力量,是人行动的驱动器。顽强的意志就像人生旅途中的成功指南,能助你一臂之力,帮助你渡过难关。

青年朋友们,我们做事时,遇到困难、令人头疼时就放弃不做了,这是不行的。在学习与生活中,需要具有百折不挠的精神,不断地调整自己的心态,学会坚定,把持住自己的意志,在坚持中找到自我。

也许有人会问:"为什么我坚持了却没有胜利呢?"那么,你是否长期坚持了呢?"功到自然成",你如果只坚持了三天,五天,一个月,两个月,当然无法到达胜利的彼岸。

法国启蒙思想家布封曾说过:"天才就是长期的坚忍不拔。"我国著名数学家华罗庚也曾说:"治学问,做研究工作,必须坚忍不拔。"的确,无论我们做什么事,想要取得成功,坚忍不拔的毅力和持之以恒的精神都是不可缺少的。

什么东西比石头还硬,或比水还软?然而软水却穿透了硬石,这只是因为它能够坚持不懈而已。

也许,我们的人生旅途上沼泽遍布,荆棘丛生;也许我们追求的风景总是山重水复,不见柳暗花明;也许,我们前行的步履总是沉重、蹒跚;也许,我们需要在黑暗中摸索很长时间,才能找寻到光明;也许,我们虔诚的信念会被世俗的尘雾缠绕,而不能自由翱翔;也许,我们高贵的灵魂暂时在现实中找不到寄放的净土……

那么,我们为什么不以勇敢者的气魄,坚定自信地对自己说一声"再试一次!"也许只是再试一次,我们就有可能达到成功的彼岸!

永不放弃心中的梦想,因为未来的路还很长;永不放弃心中的梦想,因为彩虹总是在风雨之后才能在天空中显现;永不放弃心中的梦想,因为星星不仅指示着黑暗,也报告着曙光!永不放弃心中的梦想,不是愚昧的坚持,不是愚蠢的执着,而是对生命万分的敬仰和感激,而是对生命无比深情的歌唱。

青年朋友,我们每天的奋斗就像对参天大树的一次砍击,刚开始可能了无痕迹。每一击看似微不足道,然而,累积起来,巨树终会倒下。

努力就像冲洗高山的雨滴,吞噬猛虎的蚂蚁,照亮大地的星辰,建起金字塔的奴隶,只要一砖一瓦地建造起自己的城堡,只要持之以恒,什么都可以做到。

当困难绊住你成功脚步的时候,当失败挫伤你进取心的时候,当负担压得你喘不过气的时候,不要退缩,不要放弃,一定要坚持下去,因为只有坚忍不拔才能通向成功。

现在的社会,处处存在着机遇和挑战,作为新时代的青年,我们是肩负祖国伟大的重任的,因此,更应该学会坚忍不拔,坚持刻苦学习,坚持磨炼自己的意志,才能不断地提升自我,使自己的理想得到实现。

不懈追求,天生我材必有用

人生总有太多的不如意,我们只能用良好的心态去面对。我们应该清楚,世界上只有一个自己,就像世界上不存在相同的两片树叶一样。

不要总是以为自己是一个失败的人,要坚信天生我材必有用。人无完人,每个人都有自己的缺点,同时也有自己的优点。我们应该对自己充满信心,善于发现自己的优势,不论在何种境遇下,都要不断地暗示自己:"我一定能行!"

爱尔兰的著名作家克里斯蒂·布朗,在幼时就身患脑瘫,有口难言,全身只有左脚听使唤。对这个小生命的降临,他的父母是既惊喜又伤悲。

布朗长到5岁还不会走路,也不会说话,身体也不能活动,父母带着他四处求医,却无济于事。

一次,妹妹和布朗玩,看到妹妹在地上用粉笔写字,布朗突然兴奋起来。他使劲伸出唯一听使唤的左脚,将粉笔夹到指缝里在地上写下了生平第一个单词"妈妈"。

布朗的父母欣喜若狂,之后他们通过自己的努力给了布朗和正常人一样的教育内容,布朗以自己的聪明才智很快学到了很多知识。他虽然身残,但是志不残,最后他凭借着才能与毅力,加上持之以恒的努力,成功地学会了用左脚做很多的事情,如打字、画画、写作诗文等,充分发挥了自己唯一的肢体的功能。

布朗21岁那年,他正式出版了自己的第一部自传体小说《我的左脚》。他在自传中,向世人宣告,"我的左脚支撑起了我的整个生命,我的左脚在创造着不屈不挠的生活"。

之后,布朗创作了很多作品,成为爱尔兰最有名的诗人和小说家,创造了爱尔兰的神话与奇迹。

与布朗相比，我们拥有的太多了，他能用唯一能活动的左脚，写出人生的辉煌，四肢健全的我们还有什么理由抱怨而不去努力呢？

假如你坐在家里的一把旧椅子上，读到布朗的故事，那么，你应该相信，即使那把旧椅子，也可能变成一把通向梦想的梯子，只要你肯攀登。

每个人都有自己所擅长的与所生疏的，每个人都有自己的价值，都有自己存在的意义，所以，不要拿自己的缺陷同别人的长处相提并论，不要自卑，不要自怨自艾，相信自己，是金子总会发光。

小草没有大树的伟岸，它却可以将大地变得富有生机，激情四射。清泉没有大海的雄浑，它却可以抚平人们内心的激荡与愁思。明月没有太阳的火热，它却可以给人们心中注入一缕思念与感伤。因此，请相信"天生我材必有用"。

我们有很多东西是无法改变的。但是，我们未来的人生是靠自己来谱写。无论你家境贫寒还是富有，都不应当失去上进的心。

不管你的家境多么富有，后盾力量多么强大，你都不应当高枕无忧。要记住，只有知识填充的大脑才是真正属于你自己的。如果你家境贫寒，那就更应该坚定信心，用自己的双手创出一片新天地。

"天下之物，见行可以测微，智者决之，拙者疑之。"用我们特有的处世方法去展现自己，用自己的能力说服我们身边的人；我是唯一的，我是最好的。我们要铭记"立大事者，不唯有超世之才，亦必有坚忍不拔之志"。

不要用世俗的眼光看待自己的人生，世界是一个多角度的球体,换一个角度去寻找自己的人生焦点,展现自我。请我们务必相信:天生我材必有用!

处事低调,展现成熟的风度

不知你是不是看到有这样一些人,他们虽才能出众,却从不骄傲自大;他们虽知识渊博,却从不卖弄;他们懂得忍让,总是谦恭和煦,待人真诚。他们不愿张扬,总是低调行事。

不知你是否发现,在生活之中,这样行事的人通常都是些功成名就者。他们的成功告诉我们,低调是成熟的表现,低调是可贵的品质。

有一位留学归来的计算机博士,毕业之后却找不到合适自己的工作。

思前想后,这位博士决定收起所有证书,以高中毕业生的身份去求职。很快,他被一家公司录用为程序输入员,这项工作对他来说简直是太简单了,但他仍干得一丝不苟。

不久,老板发现博士能看出程序中的错误,非一般的程序输入员可比。这时他亮出自己的学士证书,于是老板给他换了个与大学毕业生对口的专业。

过了一段时间,老板发现他时常能提出许多独到的有价值的建议,远比一般的大学生要高明。这时,他又亮出了硕士证书，于是老板又提升了他。

再过一段时间，老板觉得他还是与别人不一样，就对他"质询"，此时他才拿出博士证书，老板对他的水平有了全面的认识，毫不犹豫地重用了他。他终于获得了老板的赏识，他以低调做人的方式取得了成功。

有句歌词写得好："要想唱歌，先对调。"说的是唱歌、奏乐前，必须先定好音、调好高低。音调的高低，决定着唱这支歌的成功与失败。

我们做人也是如此。人有贤愚之别，"调"有高低不同。为人高调者，大多目空一切、妄自尊大、独断专行、飞扬跋扈，就像这位初入职场的博士，拿着文凭，漫天要价；而为人低调者大多谦和忍让，谨慎小心，宽容大度，心平气和，也正像这位博士，最终放下姿态，终获成功。

在这个错综复杂、五彩缤纷的世界上，有的人一生平安和顺，乐观豁达；而有的人则处处受阻，郁郁寡欢。有的人谦虚好学，平步青云，一路欢乐，令人悦纳、赞赏、钦佩；而有的人则骄傲自满，碌碌无为，抱恨终生，遭人非议、鄙视、唾弃。

究其起与落、升与降、浮与沉、成功与失败的原因，是为人"调"不同。做人也得定调，低调是非常值得赞赏的一种做人的品格，一种智者的风度，一种贤者的修养，一种强者的谋略，一种明者的胸襟，是做人的最佳选择。

低调做人，是一种品格，一种风度，一种胸襟，一种智慧，是做人的最佳姿态。想成就大事的人必须宽容人，才能得到别人的赞赏和钦佩，这正是人能立世的根基。根基既固，才有枝繁叶茂，硕果累累；倘若根基浅薄，便难免枝衰叶弱，经不起风雨。

低调是一种博大的胸怀、超然洒脱的态度，也是人类个性最高的境界之一。低调的人一般比较宽容，能够尊重别人不同的看法、思想、言论、行为，甚至他们的宗教信仰和种族观念，他不会轻易把自己觉得"正确"或者"错误"的东西强加于人。

低调是做人成熟的标志，是为人处世的一种基本素质，也是一个人成就大业的基础。向日葵在籽粒尚不饱满的时候，镶嵌着金黄色的花瓣，高昂着头，随着太阳的升起和降落，摇来晃去，唯恐别人看不到它。一旦籽粒饱满它便会低下沉甸甸的头，因为它成熟了、充实了。

我国民间有句非常贴切的谚语："低头的是谷穗，昂头的是谷秧。"低调做人，低调处世，低调是立世的根基。有位哲人说过，当坚硬的牙齿碰落时，而柔软的舌头却完好无损，不是柔软的舌头能胜过坚硬的牙齿，而是舌头处于低处。

可见，低调做人，不仅可以使自己与他人和谐相处，患难与共，更能使自己暗蓄力量、悄然潜行，在不显山、不露水之中成就伟业。

当美国前商务部长骆家辉抵达北京担任驻华大使时，他不要大量随从，不要警卫，只是一家5口人而已，他们每个人都自己拿自己的行李，也不需要任何工作人员的帮助，作为驻华大使，他没有那种高高在上的架子，与普通人一样，不需任何随从、警卫，他低调抵华，低调做事，不张扬，节制自觉。

人的一生中，保持低调对于自己的成功起着重要的作用。尤其是青少年朋友，从小就应该学会低调，这样不仅会让自己更好地在这个社会上生存，更重要的是，低调是我们走向成熟的重要表现。

加强自身修养，不断地完善自我

每当我们看到有人遇事不慌、处变不惊，谦虚、大方地为人处世时，我们心中就会油然而生一种敬仰。一些人举手投足、一举一动、一言一笑，甚至是一声问候，都会带给人一种亲切、舒服、和谐、美妙的感觉。

这种美，不在外表，不管你的容貌是美还是丑，不管你的身材是高是矮；这种美，不做作，不用你刻意模仿；这种美，不装饰，不用穿名牌、戴名牌；这种美，无时无刻不散发着一种极其诱人的人格魅力。这正是一个有修养的人的具体表现。

你的修养如何呢？你是否也想提高自己的修养呢？我们先来看一个小故事吧。

一个星期三，这天我吃完午饭，一个人慢慢腾腾地往教室走，经过学校楼梯口的垃圾箱旁时，发现一个熟悉的身影正蹲在地上。

我好奇地走过去，原来是陈玉柳同学看到垃圾箱旁边掉落了许多橘子皮，正在把它们一个一个捡进垃圾箱里，我看了连忙帮他一起捡。

就在我们快捡完时，一块橘子皮从天而降，掉在了地上，是一个小男生扔的，他顿时满脸通红地站在那里低下了头。

陈玉柳看了他一眼,不动声色地把地上的橘子皮捡进了垃圾箱。我有些生气,但陈玉柳站起来,对小男生笑了笑:"不要那么害怕,我知道你明白自己的错误了,下次不要再犯了,知道吗?我相信你!"

"嗯!"小男生有些紧张,但从他的表情能看得出他想要改正错误的决心。

在洗手时,我有些不解地问她:"陈玉柳,那块橘子皮是从你头上飞过的,你不生气吗?"

"有什么好生气的?"陈玉柳依然带着微笑说,"犯错误没关系,主要是要改正,而且宽容也是一种修养啊!"

有时候,修养真的是很简单,也许就是一弯腰的高度,或是一个垃圾箱的距离。如果我们做不到,那只能说我们的个人修养还有待提高。而这个陈玉柳同学的修养,值得我们好好学习。

人都是一块未经雕刻的璞玉,要想完美,必须在生活中学习、实践中反思,加强修养,完善自己。纵观历史上有成就的人,都是具有极高修养的人。

修养是个人魅力的基础,其他一切吸引人的长处均来源于此。修养是指一个人为人处世的正确态度,以及在思想领域的水平造诣,是一个人综合能力与素质的体现。

修养是文化、智慧、善良和知识所表现出来的一种美德,是崇高人生的一种内在的力量。讲究情操修养,是我们中华民族的传统。

修养是指一个人在科学文化、艺术、思想品德等方面达到一定的水平,通常也是一个人综合能力与素质的具体表现。我们摸不着它,看不到它,但却可以从有修养的人的身上感觉到它。

简而言之,修养是一个人品格的锻炼和培养。它是一个长期的过程,每个人都欣赏良好修养所自然流露出来的美。

品格与人的关系,就像大树与树根的关系,只有树的根系发达强壮,树干才会枝繁叶茂,才能经受风雨的洗礼,大树才能长成参天大树。

做人也是有根儿的,人的根儿就是品格。做一个好人,一个有修养的人,首先要有一个好根儿,就是要有好的品格。这样的人,才能经受艰难险阻,修成正果,成为一个有修养的人。

要想成为一个有很高修养的人,自身必须具备很多优秀的品格。一个人,有什么样的品格就会做什么样的事。一个随地吐痰、乱穿马路的人,就缺少遵纪守法的品格。

品格是可以后天养成的,这也正是为什么我们要不断学习的意义所在。只有不断地学习,人才能不断地进步,才能提高自身素质,成为一个有修养的人。

良好的个人修养是多少人一生的追求。而如何提高个人修养呢?我们要牢记"谦虚、尊重、宽容"三原则。

谦虚,就是不要自以为是,时刻把自己摆在低的位置。这在比自己强的人面前,在谦虚的人面前很容易做到。但在某些方面不如自己或能力强却傲慢的人面前就往往难以做到。须知,只有在某些不如自己或能力强却傲慢的人面前依然保持低调,才是真正的谦虚。

尊重,对一切人的尊重。周恩来身为总理,但对所有人都十分尊重,因而受到各界人士、广大民众的拥戴。在与人打交道时,要尊重对方的人格,尊重对方的习俗,尊重对方的感受,尊重对方的需求。要提高个人修养，必须学会尊重。

宽容，就是要有海纳百川之胸怀。而对于伤害过自己的人，要学会谅解，容人之短，容人之过，会使自己的心灵更加净化，品位得到升华。宽容是衡量一个人精神是否成熟、心灵是否丰盈的一把标尺。

修养是一盆火，融化了结冰的心；修养是一杯酒，温馨了陌生的人；修养是一阵春风，吹绿了人生的季节；修养是一道阳光，照亮了前进的道路。

假如说修养是一种精神，那便是一种令人高山仰止，倍觉浩渺宽阔的精神；假如说修养是一种智慧，那便是一种不乏博大深邃的智慧；假如说修养是一种姿态和风度，那一定是一种"君子化"的姿态和绅士般的风度！让我们背起智慧的行囊，驾起修养的风帆，向更高更远的目标，起航前行吧！

第二章
潇洒生活,不要在乎别人说三道四

　　世界是自己的,跟别人真的没有多大关系。如果事事想着别人,这不敢做那做不好,缩手缩脚,瞻前顾后,那么,你永远也做不成任何事情。

　　敢爱敢恨,敢想敢干!愿做什么就做什么,想怎么做就怎么做,只要心中有目标,行动有步骤,那就向着自己的目的地前进吧,不要在乎别人说三道四。

没有必要为了攀比而活

人往高处走,水往低处流。在这个日新月异、不断变化发展的社会里,人们往往都向往发展,追求"往高处走",这当然是很正常的!但是,我们还要清楚,人活着,是为了快乐和幸福,而不是为盲目攀比,盲目竞争。攀比心态,竞争意识,人人皆有,但是不可盲目,否则只会导致心理失衡,害了自己。让我们来看一个小故事吧。

花季的岁月,是成长的岁月,也是一段虚荣心强、爱攀比的岁月,就拿我来说吧!

星期天,我和爸爸、妈妈一起去逛街,看中了一件价值99元的红色运动服,妈妈见我那么喜欢,便把它买了下来。我非常高兴,心里暗暗想道:我如果把它拿到好朋友面前炫耀一番,他们一定十分惊讶。想到这儿,我内心一阵窃喜。

星期一,我高高兴兴地穿着刚买的新衣服来到好朋友可可的家门口,想叫她一起上学,顺便让她看看我的这件新衣服。

谁知,我刚进门,可可也拿出了她刚买的衣服,对我说道:"瞧!这是我昨天在'美特斯邦威'买的衣服,价值120块钱呢!一分钱也不能少,好贵哟!怎么样,很好看吧!"

我一听，顿时妒火中烧，刚才想炫耀的劲头全都没有了。上学的路上，我一直在想：哼！有什么了不起，不就是120块钱吗？我一定要叫爸妈买一件更贵、更好看的衣服！

突然，一个声音打断了我的思路，只听可可说："刘一洁，我觉得你身上这件衣服蛮好看的呀！多少钱？"

我有气没力地回答道："好看什么呀？才99块钱呢！"

"啊？才99块钱呀！我还以为有多贵呢！"可可故意带着讥讽的口气说道。

中午放学，我气冲冲地跑回家，非常生气地对爸爸说："可可在'美特斯邦威'买了一件120块钱的衣服，比我的贵又比我的好看！我不管，我想要一件比她那件更贵的衣服！"

爸爸一听，眉头一下子皱了起来，他语重心长地对我说："一洁，你昨天不是刚买了一件运动服吗？你这么小，就想和别人攀比，这样是不行的！在学习上你们可以做竞争对手，可在生活中你们是不能攀比的！知道了吗？"

爸爸的一番话，令我感慨万千。的确，我还是一个年仅11岁的小学生，正处于花季年龄，是应该努力学习的时候，不应该和同学们相互比吃、比穿、比谁家里最有钱，而应该比一比谁的学习好，将来比一比谁的本领大，长大比一比谁对祖国的贡献多，这才是最主要的。

从此以后，教室里出现了我和同学比学习、比进步的身影……

大多数人都有一种虚荣心，爱攀比，在拥有和享受一些东西的同时，又在努力奋斗去争取他们想要的东西。但是，他们却忘记珍惜现在拥有的，只一味去追求他们所没有的，最终弄得自己疲惫不堪。就如故事中的小女孩，仅仅因为自己的新衣服比朋友的便宜了几十块钱，就伤心不已。

当然，攀比不一定就是坏事情。有的同学爱攀比金钱和物质，他们常把眼光停留在金钱、衣服、日用品上，甚至比各自的家底。然而，有的同学却把攀比看作是在学业、功课上有益的竞争，在体育竞赛上乃至同学间团结、班级间先进等方面互不相让，积极争上游。这两种攀比的性质是截然不同的！

爱攀比金钱的人往往是自小生长在富裕的家庭环境中的，一切都追求高档、奢侈和气派。久而久之，形成了虚荣心理，以为无论什么都要胜过他人，但是他们从来不想想自己所得到的一切并非是通过自己的辛勤劳动得来的，而是伸手向父母要来的。

大多数父母的财富也是靠自己的努力、辛勤劳动后才获得的！但是这些人并不理解幸福、富裕的物质生活并不是天上掉下来的！

有一则新闻报道中有这样令人心酸的一幕。

一家苹果产品销售店门前，一名女孩儿怀抱一台ipad，一脸愠色。而不远处，一名中年女子蹲在墙角，手捏纸巾，低头不时抽泣。

这名女孩儿即将去外地上大学，今天特意过来买数码产品，她上来就要买iPhone6s、iPad和macbook"苹果三件套"，而且都得是高配，超过两万元的支出让母亲觉得有些吃不消。

看到母亲不给自己买，只听女孩儿大喊一声："不给我买，就让我在大学丢脸去吧！"说完便扔下母亲，扬长而去。

显然，这位女孩儿，买"苹果三件套"只是为了免于"丢脸"而已。其实，这样的攀比摆阔，从中学、小学甚至幼儿园就已经开始。而一当家长不遂其心愿，如这位女孩那样"扔下母亲，扬长而去"的，已让人屡见不鲜。

当虚荣蒙蔽了求真的双眼，当名牌充当了彰显身份的外衣，当攀比之风在校园里蔚然盛行，我们不禁要问：攀比从何而来？有人说攀比源自财富，有人说攀比源自虚荣，其实，攀比源自我们的贫乏。

攀比源自知识的贫乏。知识本来就是我们孜孜以求的宝藏，学业有成方为学者最引以为骄傲的珍藏。学者因才学而留芳，君子因智明而传世。古人醉心琴棋书画，切磋六艺，今人却沉迷于名牌豪奢，盲目攀比，为什么会这样呢？这都是因为我们知识的贫乏。有识之士的满腹经纶足以让人瞩目，无识之士便唯有依靠钱财的虚名为自己徒增亮色了。

攀比源于感恩的贫乏。受伤时最坚实的臂膀、失意时最温暖的拥抱，父母已经给予我们太多，而我们回报父母的实在太少。我们是否看到父母在工作岗位上日日辛劳？

我们是否看到父母省吃俭用给我们带来美味佳肴？我们是否看到父母的每一分、每一毫，都凝结着他们汗水的苦涩、四处的奔忙？如果我们看到，我们又是否忍心肆意挥霍，在金钱上做无谓的攀比争高？

攀比源于感恩的贫乏。我们没有看到，或者我们已经习惯父母的付出，不再懂得回报。索要名牌手机，网上冲浪索要虚拟钱币，迎接家访索要豪宅庭院，在我们一次次向父母摊开索取的双手之后，我们是否曾有些微的愧疚，愧疚辜负父母的爱，愧疚亏欠他们的良苦用心？

不要沉醉在炫耀财富的满足感里，因为那是以父母的辛勤付出为代价的；不要总是要求从父母身上获得什么，因为我们已经长大，我们要学会问自己，我们能为父母做些什么。

攀比源于精神的贫乏。伟大的作家梭罗远离尘世喧嚣，从哈佛校园步入瓦尔登湖畔，在鸟鸣与清风陶冶下，聆听自然，回归真我。面对贵族的奢靡，梭罗宁愿简朴地生活，并且自给自足——这也是一种富有，更为可贵的精神富有。

何须财富的装饰？何须攀比满足自己膨胀失控的虚荣？精神的富足已成为他们人生最好的注脚。在攀比的深渊里越陷越深的人们，我们精神的花园是否过于荒芜，是否更需要花朵的馨香？

攀比源于知识的贫乏，源于感恩的贫乏，源于精神的贫乏。

亲爱的朋友，如果我们学富五车，请不要攀比，因为知识的华彩已足够让我们发光；如果我们心存感恩，请不要攀比，因为金钱的背后是父母日夜的辛劳；如果我们精神高尚，请不要攀比，因为物质财富的多少已无法将我们的价值衡量。相反，攀比只能让我们更加贫乏。

有时知足常乐也是幸福的根吧！为什么我们的攀比只在金钱之上，而没有情感与幸福！尺有所短，寸有所长！我们在没有别人所拥有的东西之时，同样我们拥有的也是别人所没有的！有时在攀比之时要看看自己真正缺的是什么。

放松心态做自己想做的事

在我们成长的岁月中,我们是否仍然在坚持最初的那个梦想呢?我们是不是因为种种原因,而放弃了自己想做的事,而转向那些自己并不愿意做的事了呢?

如果是那样,相信你一定很累,是吧!人都有逆反心理,当一个人做自己不愿意做的事情时,没有人是快乐的。所以,选择自己喜欢的,才是重要的。

做自己想做的,让我们的人生更有价值,让我们的心态更健康,让我们得到更多想不到的快乐。让我们来看一个小故事吧:

漫画家蔡志忠15岁那年,刚上初中二年级,就带着投漫画稿赚来的250元稿费,到台北画漫画、闯天涯。

他很快就面临学历的问题,在他打算到以制电视节目而闻名的光启社求职时,看到求才广告上"大学相关科系毕业"一项条件,立即就傻眼了。

不过他仍旧相信自己的实力,没有理会这项学历限制而加入了应聘的行列。结果他击败了另外29名应聘的大学毕业生,进入了光启社。

以后他在漫画界的表现如异军突起,尤其"庄子说""老子说"系列图书被译成各国文字向外输出后,他一度成为全台湾纳税额最高的一位作家,他颇以此为荣。

而在连初中都没念完的情况下,是什么使他能有勇气踏入这个文凭至上的社会呢?

他说:"做人最重要的就是要了解自己。有人适合做总统,有人适合扫地。如果适合扫地的人以做总统为人生目标,那只会一生痛苦不堪,受尽挫折。而我,不偏不倚,就是适合做一个漫画家。我从小就知道自己能画,所以才15岁就开始专门地画,不停地画,终究画出了自己的一片天空。"

是啊,当我们找到我们真正喜欢的、真正适合我们的事时,我们一定会像蔡志忠这样轻松地"画出自己的一片天空",而不是痛苦不堪,受尽挫折。

这也让人联想到巴西的世界球王"黑珍珠"贝利。他曾经说:"我是天生踢球的,就像贝多芬是天生的音乐家一样。"人生就是这样,只有在真正属于自己的天空中遨游,才能有轻松自在的生活,才能有淋漓尽致的畅快。如果天天勉为其难,结果只能是一个字:累。

意大利诗人但丁说:"走自己的路,让别人说去吧!"于是他揭开了文艺复兴的帷幕;哥白尼说:"地球在绕太阳运行。"于是他奠定了日心学说。无论前方是光明、黑暗,勇敢做自己;无论前方是康庄大道、羊肠小道,勇敢做自己想做的。

不管我们的梦想是什么,我们用自己的方式,创新的方式把它实现出来,成就完完全全属于我们的志愿。无须步人后尘,无须和别人比较,从内心出发,追寻自己的梦,这就是我们的生命价值。

不以物喜,不以己悲,尽管四周满是阻力,尽管不明前方是康庄大道还是羊肠小路,是光明是黑暗,勇敢地做自己,独特的灿烂将伴我们一路前行。

别以为只有那些天才才知道自己的能力,我们周围有许许多多平凡的人,他们也能不为世俗所动,安安静静地做他们自己喜欢的事,活得自由自在,活得快快乐乐,这不也是一种成功吗?

有一位小学老师,大学毕业后就想要教书,但因为不是师范院校的毕业生,当时没有找到教书的机会,她便到日本留学,攻读教育硕士学位。

刚回国时,一时还找不到教职,她就到一家公司担任日文秘书,很得老板的信任,待遇也相当好。但是,她仍不放弃想要教书的念头。

后来,她参加了教师资格考试,考取后立刻辞去了秘书工作。教书的薪水不如她担任秘书的薪水多,周围的朋友很不理解,以她的学历绝对可以去教高中,为什么要去教小学呢?

她很坚定地说:"我就是因为喜欢小孩子才选择这个工作呀!"有一回,一个熟人碰到她,问她近来如何。

她长得胖胖的,是个很可爱的女孩子。她兴奋地答道:"今天刚上过体育课。我也跟小朋友一起爬竹竿,我几乎爬不上去,全班的小朋友在底下喊'老师加油!老师加油!'我终于爬上去了,这是我自己当学生的时候都做不到的事呢!"

这是一个多么快乐、跟学生打成一片的好老师啊!而我们可以肯定的是，如果她因为薪水或是其他因素而违背自己的愿望，选择做个秘书，或者到高中教书，就不会那么快乐了。

在现代社会里，处处充满着诱惑，能沿着自己的生活轨道毫不偏离地前进的人已经不多了。做自己想做的人，做自己想做的事，才是真正快乐的人！这样的人生，才是幸福的人生！

学会享受孤独的乐趣

在很多人的眼中，孤寂是个贬义词，人们躲避着孤独、寂寞，追逐着热闹、辉煌。事实上，孤寂包含丰富的营养，我们应该面对孤寂，体验孤寂，甘于孤寂。

孤寂能使心态平和。闷热的天气需要一阵冷风，一场凉雨。浮躁的心需要饮一杯孤独和寂寞的茶，让心跳恢复平稳，心灵沉淀得净洁澄明。

"高速"的生活节奏，让人步履匆匆；纷扰的世间万象，使人眼花缭乱；功名利禄的喧噪，诱惑得人心杂乱无章。

这时，我们应该暂时放慢脚步，左手拉着孤独，右手领着平淡，沉静地走进林间幽径，独自面对一处风景，拨弄着其中的奥秘；或者泡一杯绿茶，静坐在窗边，放飞思绪，想一想"我是谁"，独自回味一下逝去岁月的酸甜，体会一下人生的意义。

或许你并不知道，许多人都是在不断地品尝孤寂中成功的。让我们来看一个名人小故事吧。

世界电影的2005年可谓"李安年":一部成本只有1400万美元的独立制片作品《断背山》继在威尼斯电影节夺得金狮奖后,又摘取金球奖的4项大奖,并以最佳影片、最佳导演等8项提名领跑该年度奥斯卡,最终如愿拿到最佳导演奖。

然而,这些耀眼夺目的光环背后,却是一颗寂寞多年的心灵。

李安祖籍江西德安,出生于台湾屏东潮州,父亲给他起名"李安"。父亲对儿子的希望是考上大学,成为诗礼传家的楷模。

可是两度联考落榜,第二次数学甚至交了白卷,让父亲对他的人生前景非常忧虑。最终,怀着电影梦的李安考进了台湾艺术专科学校影剧科。可是父亲对他这个选择一直很担忧,直到让他保证毕业后出国深造,才同意他继续留在艺专。

然而,父子的冲突并没有结束。李安做了一个让父亲十分愤怒的决定:报考了美国的戏剧电影学校。这让父亲很无奈,因为这并不违反当初让他出国深造的"命令",只是,他不能接受儿子竟然想去从事没多大出息的娱乐业。他可能为此耿耿于怀了一生。

李安拿到了戏剧学学士后,顺利进入纽约大学。对李安来说,进入这所大学,无异于进入了一座辉煌的电影殿堂。

转眼3年过去了。美国3大经纪公司之一的威廉·莫瑞斯公司的经纪人见到李安,当场要与之签约,劝他留在美国发展。没想到,这一留就是6年的无所事事和孤寂难耐。

被那位不靠谱的经纪人留在美国之后，李安开始了在好莱坞的漫长而无望的奔波，但大多数情况都是毫无结果。

转眼李安已过而立之年。可是，李安却成为家庭的累赘，一家人只靠妻子微薄的薪金度日。为了缓解内心的愧疚，李安每天除了在家里大量阅读、看片、埋头写剧本以外，还包揽了所有家务，负责买菜做饭带孩子，将家里收拾得干干净净。

1990年，李安可以说到了山穷水尽的地步：当时他在银行的存折只剩下43美元，又赶上小儿子出生。走投无路的李安将两个剧本《推手》和《喜宴》投给我国台湾省"新闻局"主办的优良剧本甄选，希望能碰碰运气。这是改变命运的一搏。结果，他的两个剧本双双获奖，得到了40多万新台币的奖金。

《喜宴》获得金熊奖之后，父亲仍然希望儿子改行，对儿子的电影，他从来不予置评。直到2001年9月，他才说，他就像《喜宴》里最后一幕双手高举的老父！

6年的煎熬，李安终成正果。艺术与商业双丰收，从此改变了李安的命运。接下来的《饮食男女》是李安第一部由他人编剧的电影。至此，他成功地完成了"父亲三部曲"。该片获得了一系列大奖，包括当年奥斯卡最佳外语片提名，帮助李安敲开了好莱坞的大门。

而到此时，李安已经非常清楚，自己的一生注定是要在电影界奔波。而父亲临终的遗言："你不应该放弃，应该继续拍下去。"是这个孤独寂寞的电影导演此生唯一一次听到的父亲的鼓励话。

成功者往往都是孤寂的，正如大导演李安一样，他正是在孤寂中坚守了自己，所以，他最终获得了巨大的成功，成为电影界的巨人、华人的骄傲。

孤寂不是秋日孤雁的离索，那是一只翱翔展翅的雏鹰孕育明朝飞翔的方向，是一种生命的沉思。

孤寂不是春日里在风中摇摆的向日葵在摇曳它的金黄，那是一株劲草，寻找扎根的泥土，那是生命的展示。

孤寂不是秋季零落的飘絮，那是春日里在寒冷的末尾悄悄发芽的种子，是一种生命的力量。

孤寂不是身居斗室，闭门苦读，而是开辟伏案耕耘、与文字相谈、与音乐相伴，咀嚼人生浮沉的一方净土，那是心灵的陶冶，是人生的一种品位。

孤寂不是蓝天漂泊的一朵白云，而是一片落地的雪花，在干涸的土壤袒露淡泊的心事，那是一种淡定的胸怀、孤洁的操守。

孤寂是身居闹市的一颗苍松，看惯人生沧桑、岁月轮回却无人倾诉的慨叹，是一种深深的遗憾。

孤寂是饱经风霜袭击的一枝寒梅，不屑于和百花争艳，却独立残冬，是一种坚忍的心志和无言的承诺。

孤寂是孤灯下多情的灵魂，虽望穿秋水，总也割不断<u>丝丝缕缕</u>泪洒信笺的思念，是一种深深的无奈的情缘。

孤寂是酒阑人散后一杯醒酒的清茶，是消去喧闹后的一份真实的寂寞，是人生的况味。

孤寂是咀嚼人们谄媚或忠言的空间，是一种人生的难得的空闲。

孤寂将成为一部分人的好朋友，但往往一个人独居品尝一份难消的忧愁,那是一种人生的创伤。

孤寂和幸福一样,那也是一种人生的体验,更是一种人生的感悟,是一种习惯,去尝试,去品味,更要笑看人生……

孤寂是人一生中不可缺少的组成部分。伴随着成长,它一步步地进入人们的心里,一天天慢慢延伸。困惑时,将所有的人和事抛开,全身心进入到寂寞之中,从黎明到黑夜保持那种心境,在成熟的空间里充分享受自己的天和地。因为有了孤寂,人们才一步步走向成熟,孤寂带给人们快乐的时候,也把成熟带来。

现实生活中,失望、悲伤时有发生。这个时候我们不用灰心,无须流泪。如果我们想写出来,孤寂就是我们的忠实读者,会用最真实的想法去评价我们的心灵;如果我们想唱出来,孤寂就是我们的超级"粉丝",用心倾听我们的心灵之声;如果我们想说出来,孤寂就是我们的忠实听众,会用无声的爱抚平我们内心的伤痛。

因为孤寂,人们不会再跑到父母面前撒娇;因为孤寂,人们学会放弃不属于自己的东西;因为孤寂,人们不再幼稚地把所有事情都想得那么简单;因为孤寂,人们不会再胆小怕事,并害怕自己长大。

在孤寂中长大的人更容易成熟,因为孤寂,学会了很多,不再凡事都指望别人帮助自己。孤寂会牵着我们的手带我们去梦开始的地方,在那里,尽情享受甘甜雨露的清爽,尽情奏响奋斗的乐章,无须掩饰,无须流泪。忍住孤寂,在孤寂中成长,去实现梦想。

面对突然而来的孤寂,强者把它变成垫脚石,而弱者却把它看作拦路虎。孤寂是成才的沃土,也是成才的必经之路。只有在孤寂的情况下,人才可以平静下来,专注去做一件事,使自己思想得到提升,心灵得到净化。

孤寂可以让人养成一个勤于思考的好习惯。好的习惯在成功的道路上也起到了垫石铺路的作用，功不可没。

在孤寂中成长，一步一个脚印，脚踏实地。"水滴石穿，绳锯木断"，要具有持之以恒、锲而不舍的学习精神，耐得住孤寂，吃得了苦头，方能取得成功。

只有当我们亲身经历孤寂、悟透孤寂之后，才能体会到孤寂的价值是难能可贵的。因为，忍受孤寂，在孤寂中成长，并不是所有人都能做到的。有目标的人可以忍受，之所以忍受孤寂也是因为有这样的目标。也许这种目标不被人理解，甚至会被人嘲笑讽刺。

在实现目标的过程中没有人相陪，没有人嘘寒问暖，别人的不理解、别人的冷眼更是让人心寒。自己的孤单为自己做伴，向着目标前进，只要有一颗坚定的心就足够。

孤寂会让人变得更加冷静，思维更加清晰。忍受孤寂是一种本领，尽管这本领不易学，但坚持下去必为高手。

人生就是一个向上攀登的过程，在这个过程中更要忍受住孤寂，目标就在眼前，不能因为受不了孤寂而放弃，不能因为一点点的疲劳而放弃前面所有的付出，一定要坚持到底。如果你做到了，那就一定会攀登上成功的高峰。

孤寂如随行的影子，伴我们左右，随我们终生。认识孤寂，珍惜孤寂，不拒绝、不虚度孤寂，人生会更加完美。生活才是一个完美的旅程，就如同《享受孤寂》歌里面所唱的：

笑容灿烂的你，
心情就像冰冷的雨。
思念竟然在这夜色中慢慢清晰，

任思绪穿透这黑夜自由纷飞。

给自己一点放纵随心所欲，

享受着孤寂，享受着孤寂。

……

自由自在，何不潇洒走一回

人生苦短，一个人降生到世上，浑浑噩噩是一生，轰轰烈烈亦是一生，与其碌碌无为，何不潇洒走一回？朱自清先生曾说过："我赤裸裸地来到这个世上，转眼间又将赤裸裸地离开。"

的确，我们本来就是一无所有地来到世上，家人、朋友、感情、智慧……一切的一切，只不过是上苍给予我们的恩赐，为的是让我们用这些去建立家园、奉献社会、开创事业，能够潇洒地走完自己的人生之路。

每个人都会死，但并非每个人都真正活过；每个人都在追求高质量的生活，但并非每个人都活出了自我。从我们呱呱坠地的那天起，我们就注定要在这个世界走上一回。

也许，在我们的前面是一条开遍鲜花的金光大道，也许在我们的前面是一条荆棘满地的艰难之路，也许这条路崎岖坎坷，也许它本来就是一条死亡之路。

然而，不管路途怎样，既然我们降生到这个世界上，就应该勇敢地、毫不犹豫地在这个世界上潇洒地走一回。

但是，到底什么是"潇洒"呢？可能不同的人对它有不同的理解吧!这里有一个故事,我们来看一个少女心中的"潇洒"吧。

国庆节的前一天晚上,我们这群住宿生终于可以回家了!我们一群人高兴地来到车站,一起等208公交车。

这时,站在一边、稍比我们大点的哥哥笑嘻嘻地捂着肚子说:"唉哟,肚子在唱空城计了!"他的话引起了一阵笑声。

这时,一辆208驶了过来,我们一拥而上,结果人太多了,我们还是上不了,只好作罢。车的后门因车太挤了,也关不了门。这时,我突然间看见一个中年男人趁乱拉开了一个女生书包的拉链,而那位女生仍不知情地拼命往里挤……

"喂,我们上错车啦!"车内突然传来了这句话,那位女生在毫无准备之下被人硬生生地拽下了车,车开走了。

女生甩开拉她下车的手,气呼呼地说:"你干吗拉我下车?我认识你吗?"

"你最好先检查一下你的书包有没有少了什么东西!刚刚有人把你的书包拉链拉开了。我一着急就把你拉下车了。"

女生急忙打开书包仔细翻了一遍,终于松了一口气,对那个人说:"谢谢你!多亏了你,我什么东西都没少。"

路灯亮了,灯光正好照在那个人的脸上,我才发现,那人就是那个幽默的哥哥,他背着一个黑色书包,戴着眼镜。

后来,我们终于上车了,那个哥哥也与我们同坐一辆车。这时,听见售票员对一位阿姨说:"你把行李放到后面去吧!放这里让别人很不方便。"

"可是这行李这么多……"那个阿姨说。

"阿姨,我帮你吧!"一个熟悉的声音传进耳朵,又是那个哥哥!我也挤了过去,说:"我也帮你,阿姨!"

我们费了很大的劲,终于把行李一件不剩地搬到了车后。

不久,到了一站,车门开了,他下车了,背着黑色的书包,在我的眼帘变得越来越小……

看着他远去的背影,我突然觉得,他真潇洒!

原来,在故事中的少女心中,聪明、善良的本性,幽默、洒脱的作风,就是潇洒。那么,朋友,我们心中的潇洒是什么样的呢?是不是下面这样呢:

一身上下都是名牌,身穿"探路者",脚踏"耐克",手上还戴着"依波",金光闪闪,耀人眼目!发型更是多种多样,什么"板寸""草坪""短碎""鱼弹头""侧点放射"……花花绿绿,令人眼花缭乱。

这样的潇洒,我们应该不是很赞同吧!说句不客气的话,他们肚中的知识能有几何?大好的青春年华全花费在了打扮上!更有甚者,竟然借钱去消费,网贷买快乐。这怎么会是潇洒呢?这只是愚不可及。

潇洒不是一味地享乐,它应该表现为不拘世俗、不卑不亢、积极轻松、坦然雍容,一味地享乐达不到这样的境界。

网吧、迪厅、舞厅、酒吧、赌场,无疑都可以成为我们一展

"才华"的场所，但如果把潇洒仅仅理解为网络对战、跳舞、喝酒、打麻将的话，就显得太庸俗、片面、单调了。

如此的潇洒未必就能给我们带来轻松愉悦，倒极有可能是一种相反的东西。作为一个年轻人，不管我们面对的是怎样的现实，不管多么的残酷，我们都不应当如此颓废，如此堕落。

潇洒是一种心灵的释放，更是一包人生的调味剂，应该有更为积极的内涵，更为广阔的意境。

潇洒以理想为魂。理想不是海市蜃楼，而是眼前实景。说到底，理想是我们内心深处的一种欲望，是它成了我们生活的动力，是它支撑着我们的人生。

人们总是认为理想是空而不切实际的、大而无边的美妙幻景，其实它与我们的生活息息相关。理想不会破坏生活的温馨和平静，只会让我们的生活更加滋润，更加有朝气。

所以成功固然是漂亮的大书一笔，而失败不也是优美的婉转一弧吗？正所谓拿得起，放得下，能张能弛，能开能合，这才是真正的潇洒！

潇洒以创造为源。现实生活中有这样的一类人，他们热爱生活，懂得享受人生，但同时他们也明白享乐的前提是创造。他们对生活各方面都充满了兴趣，不会拒绝生活的赏赐。

他们也从不鄙视那些屋檐下忙碌一生的燕雀，因为那也是一种生活，但他们更向往成为搏击长空的雄鹰，去创造出属于他们的一片蓝天，去抒写人生辉煌的篇章。

他们努力从大局上主宰自己的人生，虽然他们的想法和选择不一定总是对的，但他们努力了，这一点就足够让他们更贴近潇洒一些。于是，他们有寂寞，但不会空虚；有挫折，但不会萎靡；有感慨，但不会沉沦……

潇洒需要有向世界捧出一颗心来的勇气和信心。任尔说我透明也好，苍白也罢，敢于活出自我，这便是一种大气与从容。能在调侃中开心活着的人，必能领悟到人生的真谛。

在这个世界上，真正的潇洒的人不多，故作潇洒的人不少。不过，潇洒是绝对故作不出来的，否则，人人都会很潇洒，世间也就没有潇洒。

可悲复可叹的是，一些故作潇洒的人，往往自我感觉良好，以为自己真的很潇洒。这时，他给人的感觉，宛如重温了西方人常说的一句话——"我的上帝啊！"

内心的潇洒是一种境界，它的极致是无我——脱尘出俗；

外表的潇洒是一道风景，它的极致是有我——舍我其谁。

遗失了一件贵重物品，只在心中懊恼片刻，便弃之脑后，这是一种潇洒。与朋友分手，在心中惋惜了几天，便平静如初，这却不是潇洒，而是从未真正爱过。

当我们刻意模仿潇洒的时候，是我们离潇洒最远的时候；当我们无意潇洒的时候，是潇洒离我们最近的时候。

有人认为，那种一掷千金的派头就很潇洒，这真是对潇洒的误会和嘲弄。做这种派头，除了证明这钱八成不是他自己辛苦挣来的以外，并不能更多地说明什么。这样的人一旦落难，不要说潇洒，恐怕连自尊都不一定能保得住。有谁见过落难的阔少或暴发户是如何表现潇洒的吗？

潇洒，是一种本色。那些特别潇洒的人，也就是把本色自然表现发挥到了淋漓尽致程度的人。失去了本色，也就没有了潇洒。

不畏人言，也是一种潇洒。畏惧人言，必定常常裹足不前。一个常常裹足不前、犹豫不决的人，是没有潇洒可言的。

谁不爱潇洒？谁不能潇洒？

具有博大胸怀的人，才有可能在心灵上潇洒；具有自信和实力的人，才有可能在外表上潇洒。这样的潇洒，才是真正意义上的潇洒。

生活中，那种更多的只是接近于漂亮意义的潇洒，与真正的潇洒比较起来，实在不过是"雕虫小技"。它既无助于一项伟大的事业，也无助于一种崇高的人生。

真正的潇洒不是长得俊俏，也不是穿得妖艳，而是努力学习，不断充实自己。有精力不用，过期作废。青年时代不抓住时间努力学习，将来就有可能成为"少壮不努力，老大徒伤悲"的又一实例，那又何谈潇洒呢？

遇到困难、挫折，有的人倒下了；有的人却"知其不易而为之"，与困难斗争到底，那些绕过困难走路的人，表面看来很潇洒，因为他选择一条无坎坷的路。而事实证明，他是最令人为之羞耻的，因为他没有面对困难的勇气。

一个真诚的人，一个正确对待成功与失败的人，一个勇于面对现实、不肯轻易低头的人，他的一言一行本身就是一种潇洒的表现，找回自我，面对现实，摆脱自己编织的梦幻，做一个真正潇洒的人，不是很好吗？

潇洒走一回，便多了一份坚实、一份醒悟、一份自信。跌倒后，不妨爬起来，潇洒地走一回。

潇洒走一回，失落星星和月亮之后的清晨，会让我们领略到初升太阳的壮美；潇洒走一回，朝着太阳走，地平线就不会拒绝我们的痴迷和恋情；潇洒走一回，诱人的辉煌更加接近我们放飞的渴望。

快乐其实很简单

每一个人都会有烦恼和不顺心、不高兴的时候,然而在不经意间,也会惊奇地感悟到"快乐其实很简单"。

只要我们把那些忧愁甩到一边去,尽力去做快乐的事情,便会感到快乐许多,快乐不需要寻找,只要用心体会。因为快乐与愁苦只在心之一念间而已。

亲爱的朋友,人生快乐最重要,只要注意掌控自己的情绪,以积极的心态面对生活中的一切,就能做情绪的主人,生活中的"乐者"。朋友,现在我们来看一个故事吧。

父亲给一对孪生兄弟每人一枚金币,让他们到远处的一个小镇上,随便购买一件东西。而在这之前,他偷偷地把他们的衣兜剪了一个洞。

中午,兄弟俩回来了,大儿子闷闷不乐,小儿子却兴高采烈。父亲先问大儿子发生了什么事,大儿子沮丧地说:"金币丢了!"

父亲又问小儿子为什么兴高采烈,小儿子说他用那枚金币买到了一笔无形的财富,足以让他受益一辈子。这个财富就是一个很好的教训:在把贵重的东西放进衣袋之前,要先检查一下衣兜有没有洞。

于是,父亲准备对兄弟作"性格改造"。一天,他买了许多色泽鲜艳的新玩具给大儿子，又把小儿子送进了一间堆满马粪的车房里面。

第二天清晨，父亲看到大儿子正泣不成声，便问："为什么不玩那些玩具呢？"

"玩了就会坏的。"大儿子仍在哭泣。

父亲叹了口气，走进车房，却发现那小儿子正兴高采烈地从马粪里掏着什么。

"告诉你，爸爸。"小儿子得意扬扬地向父亲宣称，"我想马粪堆里一定还藏着一匹小马呢！"

朋友，你快乐吗？笑容满面是一天，愁容满脸也还是一天，为什么要板着个脸不快乐呢？快乐与悲伤，只不过是你看待事情的一个态度而已。

正如故事中的兄弟俩，无论面对同一件事情，还是面对完全不同的事情，结果都是一样，一个人痛苦不堪，而另一个人开心快乐，这难道还不能说明问题吗？

同样的一天，我们为什么偏要纠缠些烦恼、制造些痛苦，来和自己较劲？为什么不寻些美好、找些乐趣，而让自己高兴呢？

每个人都有烦恼和痛苦，只是有的人把它踩在脚下，让它枯萎，被时间湮没；有的人把它顶在头上，让它沸腾，并预备着对准走近你的人，令它们喷涌而出。你是不是颠倒了秩序，把它们放错了位置？

每条路上都有烦恼和痛苦，只是有的人目光被烦恼束缚，双脚被痛苦羁绊，走得痛苦不堪；有的人解放了自己，不断地欣赏着环境中的鸟语花香，不时地蹦蹦跳跳、嘻嘻哈哈，走出了一路风景、一路开心。

人们往往不是因为烦恼而烦恼,而是因为有烦恼的阻隔,放弃、拒绝、失去了一些美好的东西,为此忧虑、痛苦着。

所以,不要因为心头停留着一片阴霾,而拒绝青睐我们的阳光送来的温暖;不要因为心里堵塞着什么渣滓,而让流动到我们耳畔的音乐绕道而行……

烦恼只是我们在想什么,而现实却是我们要去做什么。所以,不要放任自己消极的思想和情绪;不要在胡思乱想中走失;不要用烦恼和痛苦画地为牢,作茧自缚。

冷却、沉淀、忘记烦恼和痛苦,做自己该做的事,用积极的行动把好的自己树立起来,打败、消灭坏掉的自己,让他成为过去,找到全新的自己。

如果不幸被坏的自己奴役,他会把我们心中的烦恼生成天际的一片阴霾,遮住阳光;他会让痛苦尾随着我们,成为我们无法摆脱的梦魇。

如果多一些坚强、勇敢、自信等积极因素,来帮助好的自己取得胜利,坏的自己就会偃旗息鼓,悄悄带领烦恼和痛苦两个手下撤退。

快乐对于我们每个人来说都是重要的,一个快乐的人总是会给身边的人带去许多欢笑;一个快乐的人,对生活始终保持着一种乐观向上的态度;一个快乐的人走过的地方也会留下许多快乐的足迹。没有人不希望自己是一个快乐的人,没有人不希望自己身边充满了欢笑。

快乐是一种心境,其实它每时每刻都在我们的身边,只是我们常常不去注意它。有时候仅仅是我们一个小小的微笑,就会给身边的人带来快乐；有时候只要我们一句温暖的话语，就能让别人感到快乐；有时候，看着身边的人快乐，自己也会感觉很快乐。

有句话总是在我们中间流传，叫作"你快乐，所以我快乐"。只要我们用心去寻找，真诚去对待，总是会找到属于自己的快乐的。

快乐其实是一件非常简单的事情，但对于有的人来说，却是一种奢侈。这跟人的追求和生活的态度有很大的关系，有的人即便是生活充满艰辛，充满坎坷，一样可以笑对人生，而对于那些总是抱怨生活的艰难、命运的不公的人来说，快乐其实离他们很远……

的确，生活的艰难会给人带去很多的忧愁，事事不总是如意的，尽管这样，我们还是在努力地生活着，并在艰难中寻找着快乐。有句名言说得好啊："知足者常乐"嘛。所以，一个人的快乐不仅仅是取决于周围的环境，也不仅仅取决于物质享受的高低，而在于一个人的心态，心态的好坏才是快乐之根本。

做一个快乐的人，就得学会做一个心中充满爱的人，爱自己的亲人，爱周围的朋友，爱我们的生活，当爱无处不在时，快乐也就无处不在，学会以平和的态度处事，学会在困难面前变得坚强，学会不向挫折低头，学会爱自己，学会让自己以一颗感恩的心去对待生活中的点点滴滴，这样才能快乐。

我们还得学会让自己的生活充实起来，我们不能每天数着时间去度日，那样不仅大好的时光白白浪费不说，自己还会成为一个迂腐的人。学会充实，也就学会了快乐，在充实中寻找快乐，在快乐中寻找充实。

不仅仅这样，我们还得有一颗宽广的胸怀，遇事不去斤斤计较，凡事放开心胸，懂得包容，有这样一句话："有时候，快乐不是因为拥有很多,而是因为计较很少的缘故"。如果一个人是大度的,那么他的身边一定时有欢乐。

快乐不难寻找,难寻找的是自己的心态,是一种好的心境,只要我们保持一颗平和的心态去对待生活中的人和事,相信快乐不用我们去找,它也会自动找到我们,但如果心态做不到平和,那么快乐就会躲着我们,远离我们。

每当清晨的阳光照耀在我们的窗前,闭上眼睛去感受它的温暖吧,当微风轻轻拂过我们的脸颊,仰头去感觉它的温柔吧,学会享受大自然的美,懂得如何去积极地生活,相信快乐就在我们身边。

亲爱的朋友,世界上真的没有什么事情能阻挡我们快乐!心情好时,笑是愉悦的表现;心情不好时,笑一笑也可以改善心情。

诗人说:"笑是午夜的玫瑰,是人类的春天",笑出了美好;"度尽劫波兄弟在,相逢一笑泯恩仇",笑出了宽容;弥勒佛的"笑口常开,笑天下可笑之事",笑出了大度。

呵呵,让我们一起笑对人生吧!

爱生活就要爱自己

美国著名医生史迈利·布兰敦说:"适当程度的自爱对每一个正常人来说,都是健康的表现。为了从事工作或达到某种目标,适度关心自己是无可非议的。"

布兰敦医师的理论是正确的。要想活得健康、成熟,"喜欢你自己"是必要条件之一。喜欢自己,并不是"充满私欲"的自我满足。它仅仅是意味着"自我接受",也就是接受自己的本来面目、自重和人性的尊严。

心理学家马斯洛在其著作《动机与个性》中也曾提到"自我接受"。他把它列入了心理学的最新概念:"新近心理学上的主要概念是:自发性、解除束缚、自然、自我接受、敏感和满足。"

成熟的人不会浪费时间比较自己和别人不同的地方,不会担忧自己不像比尔·史密斯那样有信心,或是像吉姆·琼斯那么积极进取。他可能有时会批评自己的表现,或觉察到自己的过错和效率低下,但他知道自己的目标和动机是对的,他仍愿意继续克服自己的弱点,向前奋进,而不是裹足不前。

成熟的人会适度地忍耐自己,正如他适度地忍耐别人一样。他不会因自己有缺点就痛不欲生。

喜欢自己,是否会像喜欢别人一样重要呢?回答是肯定的。憎恨每件事或每个人的人,只是显示出他们的阴暗和自我厌恶。

哥伦比亚大学教育学院的亚瑟·贾西教授,认为教育应该帮助孩童及成人了解自己,并且培养出健康的自我接受态度。他在其著作《面对自我的教师》中指出:教师的生活和工作充满了辛劳、满足、希望和心痛,因此,"自我接受"对每名教师来说,都是非常重要的。

据调查,目前全美国医院里的病床,有半数以上是被情绪或精神出了问题的人所占据。有资料表明,这些病人大都不喜欢自己,都不能与自己和谐地相处下去。

分析导致这种情况的各种因素并不是我要讲的内容,我只是认为,在这个充满竞争的社会,我们往往以物质上的成就来衡量人的价值。再加上名望的追求、枯燥乏味的工作,凡此种种,都容易使我们的精神产生疾病。我还坚信，由于普遍缺乏一种有力、持续的宗教信念，更使人们的精神无所依靠。

哈佛大学的心理学家罗伯·怀特，在其发人深省的著作《进步中的生命：有关个性自然成长的研究》中提到，现今有一种观念极为流行，那就是："人必须调整自己，以适应周遭环境的各种压力。"

怀特博士还说，这个观念是基于一种理想，也就是认为，"人能毫无问题地去适应各种狭窄的管道、单调的例行公事、强制性的规定及达成角色任务的种种压力，等等。但其采取的行动是否成功，则须看其是否具有拒绝、帮助成长或是改进角色的能力；并且要能创造、表现出积极的力量，说到底，就是在其成长过程当中，要具有创意性的方针和态度。"

怀特博士的论点十分令人赞赏。我们很少有勇气独树一帜，或很清楚明了自己究竟拥护什么主张。我们的行为通常受社交或经济族群的影响，如衣、食、住或思考的方式，大概都与邻居差不多。假如周遭环境与我们的个性有差异，有抵触，我们就会变得神经质或不快乐，就会感到失落和迷惑——就会虐待我们自己。

卡耐基成人训练班上的一位女学员便曾碰到这种情形。她的先生是位成功的律师，有野心，做事积极，也相当独裁。这对夫妇的社交圈子当然是以先生的朋友为主，也都是相同典型的人——都以声望和取得的成就来衡量人的价值。

这位太太个性十分安静、谦逊，这样的生活环境常常使她觉得自己十分渺小，不能发挥自己的长处；而她所具有的品质美德，也常常被忽略、被藐视，因此她愈来愈对自己没有信心，也为自己不能达到别人的期望而痛苦不堪。渐渐地，她变得不珍爱自己。

这位女学员能够适应环境，但却不能适应她自己。她不能坦然地接受自己的本来面目，而期望能变成另一个与自己完全不同的人。她不明白的是：每个人都具有一定的作用，都可以在生活中表现出来。这种作用必须按照自己的个性表现出来，而不是模仿他人。什么时候明白了这点，她才会把失去的自我找回来。

她自我认同的第一步，是不再用别人的标准来评判自己，同时必须建立起自己的一套价值观点，然后以此为依据开始生活。她也必须学习如何与自己相处，不要常常批判自己、贬低自己。

不喜欢自己的人，外在表现的症状之一便是过度自我挑剔。适度的自我批评是健康的、有益的，对自我要求进步极有必要。但若超过一定的限度，则会影响我们的健康生活。

在卡耐基成人训练班上，有位女学员在下课之后跑来找老师，抱怨自己的演讲没有达到预期的效果。

她向老师诉苦说："当我站起来演讲的时候，突然显得很胆怯、很笨拙，而班上的其他学员似乎都显得泰然自若，很有信心。我想到自己的种种缺点，便失去了勇气，无法再讲下去了。"

她还继续分析自己的弱点，并说得十分详细。

等她讲完之后，老师便告诉她原因的所在："并不是你演讲不好，而是你老想着自己的缺点，没有把长处发挥出来。"

其实，并不是缺点使我们的演讲、艺术作品或个人性格显得失败。莎士比亚的戏剧里有许多历史和地理上的错误；狄更斯的小说也有不少过度矫情的地方。但谁会去注意这些缺点呢？这些作品闪耀着不朽的光辉，是因为它们成就远远大于缺点，以至缺点都变得不重要了。我们爱我们的朋友，是因为他们的种种优点而不是缺点。

把注意力放在我们自身的好品质上。培养优点，克服弱点，如此才能不断进步并自我实践。当然，我们也要随时改正错误，但不必一直念念不忘。

耶稣遇到身体或精神受折磨的人后，他不会先去查问为什么这些人会如此，也不会只给予简单的同情说："可怜的人哪，你的运气真不好，环境处处与你做对。告诉我，你是如何落难的？"

耶稣没有这样做，而是直接切入问题重点。他说："你的罪被赦免了，回家去吧，不要再犯罪了。"

人们常因以前和现在所犯的种种过错，加之自己心灵的罪恶感，而显得自惭形秽。我们不应该尊敬或喜爱这样的自己。为了让自己跳出这样的情境，我们必须忘记过去，轻装上阵。

为了学习喜欢自己，我们必须培养出面对自己缺点的耐心。这并不意味我们必须降低水准，变得懒惰、糊涂或不再努力。这是表示我们必须了解一个事实：没有人，包括我们自己能永远达到100%的成功率。期待别人完美是不公平的，期待自己完美更是愚蠢荒唐的。

有一位女士是地地道道的完美主义者。她对每件事都力求精确，因此凡事不肯相信别人，而必须自己亲自去做。她连做个小小的报告都要费去许多时间研究；至于演讲，就更要准备得精疲力竭为止。她讨厌不速之客去打扰她，每次请客都要事前计划得尽善尽美，这一位女士费了这么大的苦心，终于把每件事都料理得井井有条，十分完美，一种冷酷的机械性的完美，没有欢乐、自在或温情。这样的完美，只能令人敬而远之。

要求自己时时保持完美其实是一种残酷的自我主义。其深一层的意思是，我们不能仅表现得和别人一样好，而是要超越其他人，要像明星一样闪闪发亮。我们的重点不是自我发挥，不是为了把事情弄好；我们注重的是要胜过别人，使自己达到凌驾于他人之上的独特地位。

作为一个凡人，完美主义者也如同一般人一样会犯错，会失败。但他们不能忍受这样的状况，因此会变得痛恨自己，不喜欢自己。

这样苛待自己是错误的。有时候，我们要练习自我放松，认识到自己的某些错误，要学习喜欢自己。

独处也是学习喜欢自己的好方法。马里兰州巴尔的摩"赛顿心理学院"的医疗主任李奥·巴德莫医师曾写过："有人喜欢在晚上休息时反思当日的种种活动。这种独思冥想的习惯，显然是学习如何与自己相处的好方法。"

在生活中，我们只有能与自己好好相处，才能期望与别人也能好好相处。哈里·佛斯迪克曾经观察那些不能独处的人，形容他们好像"被风吹袭的池水一样，无法反映出美丽的风景来"。

独处是使自己的心灵憩息的港湾，是反省自己的最佳方法，是我们与外界接触的基础。安妮·马萝·林柏在其著作《来自海洋的礼物》中曾说过："我们只有在与自己内心相沟通的时候，才能与他人沟通。对我来说，我的内心就像幽静的泉水，只有内省时才能呈现其独特的魅力。"

独处能使我们更客观地透视自己的生命。《圣经》里有一句忠言："要安静，便可知道我就是神。"这话乃至理名言。

独处对我们的心灵运动十分有益处，就好像新鲜空气对我们的身体极有益处一样。

有人希望依赖别人得到快乐与满足，这无疑会为他人增添负担,并影响到彼此之间的关系。我们应该喜欢、尊重、欣赏我们自己,只有做到这一点才能培养出健康成熟的个性,也能增进与他人相处的能力。

随时秀出最好的自己

生命如白驹过隙,如此短暂,而青年时期更是其中一个短暂的阶段。可是这个时期,却是展示自我的最好时期,如果错过,真是太可惜了!

我们每个人都有自己的思想、自己的个性,在这短暂而又宝贵的生命流光里,我们为什么不把自己的思想和个性展现出来,活出自己的本色呢?

活出本色,就是不要盲目复制别人。如果你不能成为一丛小灌木,那就当一片小草地;如果我们不能成为月亮,那就当一颗星星。决定成败的不是我们尺寸的大小,而在于做一个最好的自己。让我们来看一个小故事吧。

暴风雨吹打着窗户,而我,却在窗前端着一碗米饭,怎么也吃不下。或许因为自卑,或许因为失望,看着那一条条被风雨吹打的树枝,仿佛自己也在接受历史的鞭打。

我怎么也没有想到,一向发挥稳定的我在毕业考试中却突然失利,全县仅排295名,这对一向自负的我打击很大。我知道现在一切都晚了,只能默默地发呆,发呆……

父亲看见我发呆,轻轻地拍着我的肩膀说:"干什么,不就是一次考试吗,没考好算什么?我们不怪你。"

我转过头,难过地说:"可是,这次考试很重要的。"

父亲笑了,然后严肃地对我说:"再重要,它也不过是一次考试,只要你尽力了,问心无愧就行。孩子,记住做最好的自己,你就是最棒的!"

"可是……"我还是有些不放心。

父亲一下子打断了我的话:"你看这边的杨柳,多么不堪一击,因为它们永远生长在春风里,没经历过大风大浪。再看看那边的松柏,它们经历了严寒的洗礼,变得愈发坚强。孩子,我希望你做坚强的松柏而不是脆弱的杨柳。"

对呀,不经历风雨,哪见彩虹。以后的路还长,我要做最好的自己、最棒的自己、最勇敢的自己。

突然,太阳出来了,天边挂着一道美丽的彩虹。不知不觉中,一碗米饭也被我吃得精光。

是啊,我们都要做最好的自己,只有这样,才是我们真正的人生。做最好的自己,无论是谁,若把这句话当作自己的人生目标,他一定会很充实、很快乐、很成功。做最好的自己,说得很简单,但要做到这点,其实也是件不容易的事情。

首先,我们做自己就要了解自己,明白自己是个怎样的人:有哪些独特的地方,有哪些优点和缺点,有什么兴趣和爱好,有什么理想和志向。

做自己要接纳自己,无论我们的家庭有多么贫困,我们的父母多么无知，我们都要承认他们，坦然接受他们；我们的长相，丑也罢，矮也罢，黑也罢，胖也罢，或者满脸的青春痘，甚至身有残疾，镜子里的那个人就是我们自己，我们都要满心喜悦地面对他，能够像欣赏艺术品一样欣赏他。

做自己要坚信自己，每一个人都是造物主在世上唯一的作品，没有复制，没有克隆。我们身上的每一个特点也都染上了我们的色彩，或红，或蓝。

尽管时尚流行着其他的色彩，不用担心，也不用害怕，更不要盲从轻率地做出改变，造物主不是把我们当作别人的附庸而产生出来的，我们仅是作为我们而存在。

我们可以在下雨天一头冲进雨中，去享受雨水带给我们的幸福与快乐。即使别人说我们是疯子又如何，我们可以不去理会这些。

只做自己心中想的，不去计较别人会怎么说我们，不用在意别人讨厌不讨厌，喜欢不喜欢我们的行为。千万别想着别人会怎样看自己，不要让别人的嘲笑、讽刺、轻蔑成为我们的绊脚石。

"走自己的路，让别人说去吧！"这句话并不这是一句台词，而是我们的人生格言。

秀出自我，就是要把最真实的自我展现出来，而不是虚伪地装扮出来另一个自己。最真实的我才是最好的我。快乐、伤心、生气，自己的气息，才是唯一的美丽。最真实的我，最开心的我，最最满足的小小的我。

我们每个人都以自己不同的活法生活在这个世界上，有优秀的，当然也有差的。世界上的人不可能全部都是优秀的，就连优秀的人，都需要差的人来衬托，不是吗？

我们想做葱郁的大树，但是我们只是一棵单薄的小草；我们想做高贵的牡丹，我们却只是路边的一株不起眼的小野菊；我们想做一望无际的大海，但我们只是一条小溪；我们想做最耀眼的太阳，可是我们只是一颗时隐时现的星星。

在这个时候，不要灰心，不要气馁，因为我们虽然没有做到最好，但是我们也已经发挥出了自己的优点。

我们是一棵小草，但是我们也为绿地作出一份贡献，虽然很薄弱；我们是一株不起眼的小野菊，但是我们也为路边增添了一份绚丽的色彩；我们是一条小溪，但是我们为孩子们带来了欢乐；虽然我们是一颗时隐时现的星星，但是我们用自己的身体装饰了漆黑的夜幕。

俗话说："金无足赤，人无完人。"每个人都不是十全十美的，我们在这方面做得很差劲，但是我们在别的方面做得却很优秀，我们要相信自己，别人能做到的，自己经过努力也能做到。

不能做大树，就做小草；不能做牡丹，就做路边的小野菊；不能做大海，就做小溪；不能做太阳，就做星星。总而言之一句话："做最好的自己，自己的敌人就是自己。"

要不断地完善自己。最好不是和别人比，天外有天，人外有人。和别人比较，我们永远都成不了最好的一个，我们也永远享受不到成功的喜悦。最好是和自己比较，和过去的自己、昨天的自己比较，让自己成为今天最好的自己，努力让自己的每一天都有收获、有进步。

做最好的自己不在乎我们昨天是怎样的一个人，不在乎我们底子有多薄，基础有多差，只要努力，我们就可以比不努力的我们更好，只要我们坚持努力，我们完全可以成为最好的自己。

完善自己不是盲目地完善，比如一个学生，压缩休息和运动的时间来努力学习，精神固然可嘉，但这样永远做不到最好。一天只有24小时，我们不可能24小时不停地学习。

人的精力是有限的，我们首先要保证在课堂上的效率，保证自习课的效率，在精力允许的情况下不断进取。那么晚上当躺在床上的时候，我们就能够坦然地对自己说今天我们做到了最好。

要学会珍爱自己。珍爱自己就是要我们别虐待自己、苛求自己、反对自己，而是要我们看重自己、拥护自己、赞美自己。

尤其是当我们处于最痛楚无助、最孤立无援的时候，在我们必须独立支撑着人生的苦难，且没有一个人为我们分担的时候，我们绝不能自暴自弃，自戕自贱，而是应该学会给自己送一束鲜花，给自己唱一支动人的歌，给自己一个明媚灿烂的笑容，让快乐永远伴随我们。

要相信自己。假如我们自比于泥块，那我们将真的会成为被人践踏的泥块；假如我们心里总是嘀咕自己是愚笨的、无能的，那我们就会变得无足轻重，毫无作用。

试想一下，一个连自己都不相信的人，总是以他人为尺度，唯唯诺诺、自卑不堪，这样的人怎会快乐，怎能体验到快乐？

我们应该觉悟到天生我材必有用，觉悟到造物育我必须充分体现出生命的至善至高至美的境界，这样我们才能实现理想中的自我，才能赢得出色的人生，才能创造辉煌的奇迹，才能与快乐相伴。

做最好的自己，就是要我们看重自己，自信、自律、自强、自尊，坚信自己作为宇宙之子降临大地，那么大地自然会给我们一席之地。

做最好的自己，绝不是说我们要固执，要变得狂妄自大、我行我素、自我陶醉、自我膨胀、自我吹嘘,而是说我们要寻找到快乐,就要学会寻回自我。

生命里要有一种硬度,不要轻易叹息,也不要露出我们心头的点点伤痕。当我们受到挫折遭到冷遇面临坎坷失去快乐的时候,我们不能卑躬屈膝垂头丧气,双目无神丧失自我,而应该坦坦荡荡地来到人群中间。

我们要用挺拔的身躯,用嘴角眉梢上平静的微笑来证明:我们不会退缩、不会逃避、不会沉沦、不会萎靡!梦想不再遥远,快乐不再遥远,辉煌不再遥远!

朋友,让我们大胆地秀出真实的自我吧!那就是最好的自己。

不必事事追求完美

完美是许多人追求的目标,但是,我们却不能因为没有达到尽善尽美而伤心。真正的完美在现实中是不存在的,如果说存在,也只能在你的心里。

在上帝如火炬一样的眼睛里,谁也不敢大言不惭地说自己是最完美的人。许多青少年朋友正是没有认识到这一点,所以才陷入完美主义的陷阱,让自己活得很累、很不开心。青年朋友们,让我们来看一个因为追求完美而失去自信的故事吧。

小明是一个初三的男生,16周岁。第一次见他,是和他的母亲来到心理诊疗中心的。长长的头发遮住了眼睛,低着头垂着腰走进办公室。他的精神和姿态,当时给我的印象像是个20岁左右的人,感觉要比实际年龄大些。

通过交谈了解到,小明的学习一直很努力,但是成绩不好,很自卑!相信很多朋友会想,成绩不好?是倒数第几?但是答案让我吃了一惊,他的学习成绩居然是全校第六名!

原来,小明很用功,已经得了几次全校第一,后来两次考试得了第二名和第三名。这次是全校第六,相比以前的第一,内心很是失落,以至于有种放弃学习的冲动。

说到这里,小明自卑的原因也不难看出了,每次都是同样的努力,当然每次都应该是第一名!这看起来似乎很有道理,其实是完美主义的陷阱。小明因为不能认识到这一点,产生了严重的自卑心理,以致不得不找心理医生帮忙。

这个初三的学生通过几次心理辅导,放弃追求完美的心理,心情慢慢舒展开了,逐渐也露出了久违的微笑。当然这些还是不够的,也只是开始。

从这个故事可以看出,小明的烦恼来源于他对完美的刻意追求。像这样的青少年,自尊心往往都很强,心理承受能力却往往较弱。这使得他们一方面对自己严格要求,一方面又为自己的失误和挫败而感到伤心难过。其实,从很大程度上来讲,渴求完美是一种不自信的表现。

金无足赤,人无完人,世界上没有百分之百完美的事情。每次都是第一,又有谁能够做到?再有名的歌星也有唱错歌词的时候,常胜将军也可能会兵败滑铁卢。更何况我们一个普普通通的人，有什么理由这样要求自己呢？

过分的要求，脱离了实际，必将令人失望。我们放眼其他一些造成自卑的原因，如个人能力、生活环境、人生遭遇等，也不是一样吗？

事事追求完美是一件痛苦的事，它就像是毒害我们心灵的药饵。因为这个世界本来就不是完美的，过去不是，现在不是，将来也不是。它本来就是以缺陷的形式呈现给我们的。人如果事事追求完美，那无疑是自讨苦吃。

世界上有许多悲剧，正是因为一些人热衷于追求虚无缥缈的完美，而忘却了任何一种正常的选择都可以走向完美。完美不是一种既定的现象，而是一种日臻完善的执着追求过程。

拣一片最美的树叶，需要拥有一份智慧、一份思索、一份对自身实力的审视和把握。

> 爱因斯坦上小学时，老师让学生交一件劳动作品。爱因斯坦把一只笨拙又丑陋的小板凳交给了老师。老师看后很不满意，爱因斯坦又从身后拿出两只更为丑陋的小板凳，对老师说："刚才是我第三次做的，虽然它不太令人满意，但是它要比这两只强得多。"

人生中，我们应该具备爱因斯坦的勇气，不要只是好高骛远，而是应该静下心来，一步一个脚印地去拣我们认为是相对完美的树叶。

人生的缺憾有其独特的意义。我们不能杜绝缺憾，但是我们可以升华和超越缺憾，并且在缺憾的人生中追求完美。缺憾可以当作是我们追求的某种动力，如果我们能这样看，就不会为了种种所谓的人生缺憾而耿耿于怀了。

有了缺憾就会产生追求的目标；有了目标，就如同候鸟有了目的地，即使总在飞翔，累得上气不接下气，由于有期望的目标，也总是能够坚持下去。

如果事事追求完美，都要拼命做好，这就使我们自己陷入困境，不要让完美主义来妨碍我们参加愉快的活动，而是仅仅成为一个旁观者，我们可以试着将"尽力做好"改成"努力去做"。

完美主义意味着惰性。如果我们自己制定了完美的标准，那么我们便不会尝试任何事情，也不会有多大作为。因为完美主义概念并不适用于人，它也许只适用于上帝。因而，作为一个普通人，不必以这种标准来衡量自己的行为。

如果我们将自己的价值与成败等同起来，必然感到自己是毫无价值的。想一想发明家爱迪生，如果以某项工作的成败来衡量他的自我价值，那么他在第一次试验失败之后就会认输，就会宣布自己是个失败的探索者，并且停止用电灯照亮世界的梦想。

然而，爱迪生并没有认输。失败是成功之母，它可以鼓励人们去努力、去探索。如果你选择的方向是正确的，即便有失败与挫折也会取得最终的成功。

假如我们的目标切合实际，那么，通常我们的心情会较为轻松，办事较有信心，自然而然便会感到更有创造力和更有工作成效。我们不是鼓吹放弃努力，不过，事实上我们也许会发现，在我们不是追求出类拔萃，而只是希望有确实良好的表现时，反而会获得一些最佳的成绩。

我们也可能用反躬自问的方式来抗拒追求完美的思想。例如，"我从错误中可以学到什么？"我们可以做个实验，想想我们犯过的每一项错误，然后把从中得到的教训详细列出来，千万别怕犯错，否则我们会失去学习新事物以及人生道路上前进的动力。

如果说完美是毒，缺陷就是福了。很多人不是都会欣赏"缺陷美"吗？"情人眼里出西施"其实就是一种对缺陷美的肯定。如果事事可以不追求完美，那我们的日子肯定会过得快乐一些吧！

完美无缺，只能是一种良好的愿望。没有任何人能做到一生完美无缺，没有一点瑕疵。追求自己各方面完美，不会实现，因为人总会有失误；让别人完美，更是不大可能。追求完美，但这个世界不会给我们完美，我们就永远不会快乐。

试想一下，如果我们凡事都力求完美，处处小心翼翼，生怕走错一步，那么生活该是多么的累啊。相反，如果我们不怕出错，即使错了也勇敢面对，努力改正，那么我们反倒会为自己的成功积累一定的经验，使下一次少错一点，这何尝不是一种收获呢？

敢于正视错误，这同时也是一种自信的表现啊。所以人生在世，凡事尽力而为即可，不必苛求完美。有些朋友是因为自己某些能力不出众，看到别人在此领域比自己强，心里自卑；有些朋友是因家里比较贫穷，生活条件差而抬不起头来；有些人是因为自己的相貌不漂亮自卑等。

人生路漫长，每个人都有优点和缺点，每个人也都有自己的苦与乐；我们若感觉自己的个子矮，会常常羡慕那些个高的人，但是我们可能相貌很好，我们的学习成绩、工作水平很高，或许我们有一个爱我们的家庭。这些条件那个高的人不一定完全具备的，这就是我们自身的闪光点。

众所周知，钱是很重要的东西，也是所有人都离不开的，人们都迫切地希望拥有它。人们常常羡慕那些有钱人，向往出门轿车，家居豪宅的生活。所以在那些有钱人面前有些人感到自己不如别人，产生自卑感，为此而懊恼。

我们知道，很多有钱的人却不能拥有健康，他们被疾病困扰，痛苦不堪。钱虽好，但是买不来健康，健康对那些疾病痛苦中的人们是多么的珍贵。而穷人没有钱，却拥有了那些有钱人非常想得到的健康。

总之，只要我们善于运用明亮的眼睛，我们会不难发现我们周围被认为最完美的人其实也有缺点和不足，或许这些缺点和不足正是我们的长处。

扮演好自己的角色

在五彩缤纷的生活当中，每个人都在扮演着不同的角色，每个人都有自己的位置，每个人都会在自己的天空下展翅翱翔，创造价值。然而价值有大有小，创造大价值是人们的追求，如何创造大价值，是不是一定要谋高位，居人上呢？不是，绝对不是的。

因为不是每个位置都适合自己，也不是所有的位置都属于任何人，只是其中一定有适合自己的位置，只要你扮好自己的角色。

在生活中，没有旁观者的席位，每个人都有适合于自己的位置，只有找准了自己的角色，才能创造出无穷的价值。

1. 生活中扮演好角色很重要

每个人扮演的角色不一定都是自己选定、自己喜欢的角色。有些角色不管你喜不喜欢，你都必须无条件扮演下去，只要你扮演得好，一样可以收获成功。

可以说，每个人扮演的角色都很重要，譬如：公务员有做公务员的游戏规则，他们必须服从上级安排，搞好上传下达，做好本职工作；工人有做工人的游戏规则，他们必须按工艺流程生产，保证产品质量；农民有做农民的游戏规则，他们必须按季节耕种、收获，并做好农作物施肥、杀虫等；商人有商人的游戏规则，他们必须合法经营、照章纳税。

如果你不遵守这些游戏规则，你就无法扮演好你的角色，就无法体现出你的价值，也就无法体会生活的意义。

之所以要扮演好自己的角色，就是因为它对于人生是必不可少的一门功课。所以，学会享受它的喜怒哀乐，时刻准备着蜕变。每一个角色背后都自有艰辛，学会品尝这份艰辛，也是一种痛并快乐着的成长经历。

2. 告诉自己一定行，生活就会不一样

每个人都如同一条在大海风浪中航行的船，要敢于一次一次迎接风浪的考验；每个人更像一块等待撒播种子的土地，只要相信自己，总会有一粒适合自己的种子生根、发芽、结果。因此，面对失败，我们不应沮丧而应寻找更适合自己的成功，因为总有一粒种子是适合自己的，相信自己一定会成功。

吴薇曾是一位银行职员，根本没有什么舞台经验，但她却用自信的魅力，征服了所有的评委。2003年，她参加了环球小姐中国赛区的比赛。结果在初赛后她只得了分赛区的第四名，但她还是对自己充满了信心,还积极地参与到总决赛的培训中,把自己最好的精神风貌带到了总决赛中。终于,自信的她捧得了中国环球小姐的桂冠。

在别人问她成功的技巧时,她说自己获胜的最大优势就是自信,可见自信对成功有着决定性的作用。

不久后,在参加全球比赛的初赛中,她被排到了第十七名,最后无缘决赛。这种难度可想而知,需要跨越不同肤色、不同种族、不同文化,况且东西方必然存在强烈的审美差异。

但即使如此,吴薇依然没有放弃自己,她又回到了银行工作,因为她认为这里才是最适合她的地方。不久之后,吴薇用她的自信征服了失败,25岁的她已经是行里最年轻的副经理了。

她对自己的总结是:一个人只要相信自己的能力不比别人弱,带着自信的笑容和充满自信的眼光看待每一件事、每一个人,并学会宽容,在适合自己的地方,给自己足够的信心就可以在工作中游刃有余。

事例中的吴薇因为敢于展示自己的风姿,敢于让全世界发现东方女性的美好,敢于跳出设定的审美模式,尽管她无缘决赛,但她却用自信又一次征服了失败,成为一个至真至纯的出色女人。

在这个处处充满竞争的社会中,只有自信才能让你神采飞扬;只有自信才能使你更加光彩夺目;只有自信才能让你走向成功。而那种自怨自艾、柔弱无助的人必定失去更多成功的机会,与成功成为平行线。自信一点,只要告诉自己"一定行",你的生命一定会变得不一样,你的人生也会因此而感到快乐,这份自信也将引领你打开成功的大门。

古人说:人不自信,谁人信之。综观古今中外所有成功的事例,无不是以自信作为成功的基石。诗仙李白之"天生我材必有用";美国作家海伦虽然双目失明,可却凭着对自己、对生活的信心,顽强地活下去,通过不懈的努力,最终成为名扬天下的作家;伽利略不就是因自信,才不顾众人反对坚持自己的观点,最终推翻了亚里士多德权威的结论;拿破仑曾宣称:"在我的字典中没有不可能的字眼!"才激起了他无穷的智慧和巨大的能力,成就了横扫欧洲的一代名将;第一架飞机的发明者莱特兄弟,如果没有自信面对失败、面对别人的冷嘲热讽,如何能实现飞翔的梦想。

正像莎士比亚所说的:"自信是走向成功的第一步,缺乏自信即是失败的原因。"无论在学习中还是在生活中,人人都会遇到各种大大小小的挫折,或学习方法不当,使人困惑;或学习枯燥,使人懈怠;或成绩不理想,会使人沮丧……而自信就好比一把智慧的钥匙,帮你顺利地开启每一扇成功之门;自信就如黑暗中的灯塔,把你从困境中解救出来;自信就像人能力的催化剂,人前进的动力,能将人的各种潜能充分调动起来,发挥到最佳程度。

"我能行,任何事都不会难倒我",通向成功的路谁也不可能一帆风顺,而成功者懂得带上自信,满怀希望,去面对荆棘丛生充满艰辛的道路。唯有如此,你们才能抛开所有顾虑,迎难而上,挑战自我,超越自我,坚定自己的信念,为自己的理想目标而奋斗。

3. 做一个勇于尝试的人

尝试是行动的开始,也是走向成功的第一步,勇敢地迈出这一步,成功将会变为可能。成功来自于对事物的好奇心与征服的欲望,当你对一个事物产生好奇心时,你就会总想着去研究它、钻研它、探索它。但是仅有好奇心是远远不够的,还要有足够的自信心和勇气去尝试。

在征服一个事物的时候，如果你可以对自己说"我能行"，那在这个过程中你就会得到很多经验，使自己越过各种各样的阻碍，这中间当然会有一些始料不及的事情发生，但这个时候最能帮你的就是勇气与自信心。勇气将帮你迈出脚步，突破自我，自信心将帮你克服困难，战胜挫折。

伟大的发明家爱迪生，他的一生就是在尝试中度过的。当他对生活中的一些现象产生好奇，并产生一系列想法的时候，他首先选择的是试着去做。他尝试着去发明电灯，尝试着发明留声机，尝试着发明蓄电池等，结果均获成功。他的发明成果有2000多项，是当之无愧的"发明大王"。

如果他因小时候人们对他的嘲笑而对自己失去信心和挑战自我的勇气，从而变得自卑，那他永远也不可能去尝试，也不可能不畏困难和挫折创造那么多的伟大发明。谈成功，更不可能。尝试最大的敌人是半途而废。

科学界的人们信奉这样一句话：在10000次试验之后的那一次可能就是成功。这一万次，就是10000次的失败。成功就躲藏在无数次失败之后。失败的人，往往是做事半途而废、浅尝辄止的人。除了爱迪生以外，还有很多伟人、名人都在给后人们上课，他们用行动，用成就向你们诉说人生的真谛，成功的秘诀。如莱特兄弟、达尔文、阿基米德、蔡伦、牛顿等，他们的成功就说明了一个真理：只有想不到的，没有做不到的，只要你愿意尝试，经常对自己说"我能行"。

当然你可能在付出过后，没有相应的回报；也许你对自己说"一定行"时别人把你当作是另类；也许你的自信举动使你遭到了别人的嘲笑，但面对这些你应该相信自己的路不是别人说出来的，你的成功也不是一时的得失就能决定的。

告诉自己"一定行",做一个自信的人,它将引领你在任何环境中发挥你最大的潜能,使你最大程度地取得成功,使你的人生变得多姿多彩。

享受工作带来的乐趣

不断地在内心肯定自己的一切,可能是永葆自尊的关键。为了要能够喜欢自己和自己的工作,你必须不断地在内心肯定自己的成就和表现,以强化自己的形象。

为了能够享受工作的乐趣,你每天都必须以自我交谈的方式,来加强自己的心理建设。

每个人的内心中都有一卷"盒式录像带",带子的内容非常复杂。当你30岁时,它就包含了大约3兆个你自己的影像。你也许没有意识到这个盒带的存在,但它的确存在你的心中。这个有关自我形象的记录,是由你对自己的信念和想法造成的,其中包括了你对自己的看法,以及别人对你的评语。更重要的是,它记录了你每一分每一秒对自己说的话。

以言词、影像和情绪对自己说话,每分钟约三四百字。在睡眠以外的每时每刻,你都在判断自己和自己在工作上的表现。而评价的高低,决定了你自尊心的有无。要多留意这种无声的自我交谈。你在不知不觉中,都不断地在判断和预估自己的每一项行动。这时,内心深处的自我交谈也不断地在塑造你对自己的看法。

不论是成功还是失败,都可能会产生消极的自我交谈。比方说,你做成了一笔生意或及时交出了一份报告,却很可能消极地对自己说:"天啊!这次真侥幸",或是"但愿下次不会误了期"。

另一方面,如果你失掉了一笔生意,犯了一项错误或迟交了一份作业,你也可能消极地对自己说:"我真是个笨蛋""我又做错了,我永远做不好",或是"我早就知道我办不到""我总是这么倒霉""我又何必白费力气"?事后的自我交谈和事前的自我交谈同样重要,能证实也能打破你的自我形象。

一般而言,学会积极自我交谈的人在犯了错误或遭遇失败之后,会对自己说:"这不像我平日的作风""下次我要换一种方式""我会再接再厉,但这次我要准备得更充分些"。

就某方面而言,从失败中学习成功,就像是幼儿学步一样。一再尝试,一再跌倒,磕头碰脑,功败垂成,最后跌坐在地。不同的是,幼儿不会把跌倒和失败混为一谈,而只把它视为一时的不便,他的下一个念头是爬起来再尝试。

你也应该抱持这种态度。在心中确定目标,不断尝试,接受失败,然后从重生的精力或崭新的角度,再度瞄准目标前进。你的自我交谈增强了对成功的渴望,而终致成功。这份经验会留存在你内心的盒式录像带中,下次你需要时,它会重新显影。

不快乐的人讨厌自己的工作和生活,他们放映内心的录像带,不断重播失败的情节。他们一再回顾过去的创伤、错失了的机会,以及失败的结果。

热爱工作的人一再重播的是他们的光荣史。他们清晰地记得自己的每项小成就、获得的赞扬,以及圆满完成的任务。尤其在遭遇紧张、挫折和失败时,他们在心中按下"立即重播"钮,过去积极成功的形象马上再度浮现。这份来自内心的鼓励使他们重获力量，恢复乐观，于是再度创造机会，克服困境。事后，这次的成功经验又留存下来，为"光荣史"再添一章。要建立自尊，事后与事前的积极自我交谈同样重要。

你要学会运用言词、影像和情绪等方式重播自己的光荣史，以增添你工作的乐趣。对工作有兴趣，成功与你就近了一步。

第三章
生活的磨难,我们只能选择面对

世事无常,人生总要遭遇许多磨难。谁也逃避不了,只能选择面对。其实,我们生命中遭遇的那些苦难和考验,全是使我们变得卓越的台阶,跨过一步,离成功就近了一步。克服它、消化它,就会变得越来越强大。人生,喝得下苦酒,就能饮到甘露。

谁的人生也不可能一帆风顺

在人生的长河里,我们每个人都不可能总是一帆风顺、事事如意,各种干扰、困惑会经常伴随着我们。可以说,一个人身处逆境,在现实生活中是正常的现象。很多时候,我们并不能从别人的痛苦中学习到一切,就像俗语所说的那样,我们必须自己受苦,在逆境中成长。

我们应当学会从生命的每个不幸和艰难中不断学习,我们必须学会做一些事情。一些出其不意的机会,往往是在生命中最痛苦的经验里出现的。我们必须面对挑战,让奇迹发生。

意外事故、病痛以及诸如此类的其他挫折并非毫无意义。即使是在最严重的情况下,只要我们愿意去寻找,希望就会存在。即使身体受到伤害,在其后的复原期间,也会伴随着一种独特的内省,或者一个自我发现的机会。

临床心理学家梅尔文·金德写过许多畅销作品,例如《聪明女人/愚蠢选择》《男人爱的女人、男人离开的女人》《欲速则不达》。他形容儿时的一次意外事故如何给他留下深刻印象,最终为他打开创作生涯的大门。

11岁的时候,他跟邻家一个女孩进行骑自行车比赛。他们在宁静的街道上骑车,他骑在马路中间,企图闪开路上弯弯曲曲的坑洞。可突然间出现了一辆车子,迎头撞上了他。

据目击者形容,他当时被撞飞到6米高的空中,落地后一根约有12厘米长的断裂的白色大腿骨,刺进了他的大腿。他当然很惊恐,以为再也不能走路了,至少也会失去一条腿。他在医院住了3个月,医生保住了他的腿。

他出院时,身上从胸部到脚趾仍然还裹着石膏。接下来的6个月,他不得不躺在床上。之后的6个月,他又换了石膏,可以勉强用拐杖走路。起先他很难过,觉得很难看,并心里暗自认为,一定是以前做错了什么事,因为邻居的其他小孩并没有如此凄惨的遭遇。他变成了"跛子",成了父母的负担。

同学们来探望他,他让妈妈以各种理由推托,不让同学看见他。他觉得,让同学看到自己现在的样子,很丢脸。他把自己封闭在一个狭小的空间里。慢慢的,他也认识到,再不能这样下去了,不能因为身体的残疾让心灵也变成残疾。

男孩把目光转向另一个世界,一个阅读文学、历史作品的世界。从此,他每隔两天就央求母亲给他买或是借几本文学历史类的书。徜徉在知识的海洋,他知道了希腊马拉松平原的战争,懂得了兰斯特洛的大无畏精神……

后来,他原本强健、迅速发育的身躯逐渐变得软弱无力了,但这并不再困扰他。复原的日子一长,他成了一名不餍足的读者。最后,他上了大学。对阅读的热爱与求知的欲望,为他此后杰出的学术成就铺了路,而这一切都归功于他在小时候的那次灾祸。

梅尔文·金德用事实向世人证明：在疾病面前，只要不向生活屈服，勇敢地选择坚强的生活，就永远不会被生活打败。只有经得起生活考验的人，才是真正的强者！

我们不必羡慕别人的成功，而应该积极地去争取属于自己的辉煌。一个人没有了金钱，可以靠双手去挣，但如果没有了坚强，那就只能任由困难将他击倒、再击倒，直到一无是处、一无所有。所以，坚强永远比金钱更珍贵，它是人生中一笔不可替代的财富。

为了让自己在人生的道路上能够走得顺、走得远，我们每一个人都应该学会坚强。那么，具体应该怎么做呢？

第一，我们要树立坚定的理想。理想是坚强的航标，是人生成功的蓝图和基石，是人生奋进的路标和动力。有了理想，生活才有方向。当然，有了理想之后，还要为之执着奋斗。

第二，要学会战胜自我。人总是有缺点的，但缺点是可以改正的。我们要勇于战胜自我，这是学会坚强的关键。

第三，要善于发现自己的长处和兴趣爱好。可以说，找到自己的长处和兴趣爱好，就很容易确定自己努力的方向，我们的主动性就能得到充分的发挥。可以说，找到自己的长处和兴趣爱好，是养成坚强性格的捷径。

第四，要持之以恒，善始善终。大凡获得成功的人都是许多年如一日，专心致志、坚忍不拔的人。俗语说"只要工夫深，铁杵磨成针"，愚公能移山，靠的就是恒心；王羲之从4岁开始练字最终成为一代书法大家靠的也是恒心。我们青少年还不够成熟，对短期目标尚能坚持，对较长期的目标则常常难以坚持到底，所以我们就更需要锻炼自己做事的恒心，这也是养成坚强性格的一项重要内容。

第五，正确对待失败、挫折、逆境和困难。在漫长的人生中，我们总会遇到逆境和困难，会遭受很多失败和挫折。可以这样说，再伟大的人，也遇到过失败和挫折。奥斯特洛夫斯基在双目失明、全身瘫痪的情况下，凭着坚强和毅力，克服了重重困难，完成巨著《钢铁是怎样炼成的》。他的坚强性格、顽强精神给后人留下了一笔宝贵的精神财富。可见，坚强的性格总是与克服困难联系在一起的，克服困难的过程，最能表现一个人的意志和毅力。因此，我们在学习和生活中，应该正视失败、正视挫折，这些都有利于坚强性格的培养。

人生的道路曲曲折折，在以后的日子里，我们可能会成功，也可能遭遇困难与逆境。困难就像恶魔，我们越是害怕它，它越是张牙舞爪；但困难更是一块试金石，如果我们是一块真金，经过一次次的锤打和考验，就会变得更加坚强。

我们要挑战困难，用微笑面对困难；我们要经受磨炼，学会自立自强。虽然自强者未必都能成功，但"不自强而大成者，天下未之有也"。胜人者有力，自胜者强。青少年朋友，永不退缩，我们终究会成为人生道路上的强者。

上帝不会对某一人不公平

在我们成长的道路上，会遇到很多的困难，但是无论面对怎样的逆境、多大的苦难，我们都不能放弃自己的信念和对生活的热情，我们只有经受住种种考验，才能获得坚强的性格。事实上，但凡具有坚强性格的人都经受了苦难的塑造，凤凰涅槃才能得以永生。

要知道，世界上的事情没有什么是可悲的，上帝也没有对谁不公平，即使生活中出现一些打击，我们也应该把这些事情当作是一种磨炼，只有这样，才不会为了某件事情而沉沦。

因此，在生活中，当我们觉得很失落的时候，可以多往好的方面想，在战胜苦难的过程中，我们才会有所收获。我们应该相信，只要选择了坚强，就不会被生活中的苦难所击倒。就像我们下面要讲到的这个男孩子一样。

有一个男孩子，家里世代都是农民，父母也没什么文化，过着面朝黄土背朝天的日子。这个男孩从小就很懂事，6岁时就已经能自己去村里的菜园买菜，还能帮妈妈编织挣钱。因为他的母亲有先天性心脏病，不能干重活，他就尽力为父母分担一些家里的负担。在艰苦的生活中，他养成了勤劳简朴和坚强独立的好习惯。

他学习很刻苦，成绩自小就很突出。尤其是小学四年级，他考了全镇第一名，还获得了市里的"希望之星"称号。父母很高兴，这是他第一次看到父母那么快乐。当时他就下定决心要好好学习，让父母的脸上有更多的笑容。

但是，在他上初中的时候，母亲的心脏病又一次发作了，而且病情十分严重，这对这个本来就不宽裕的家境来说，真是雪上加霜。尽管日子如此艰难，但为了让他安心读书，父母仍尽了最大的努力。在苦难面前，他没有低头，而是更加刻苦地学习，也更加严格地要求自己。后来，他终于考上了理想的高中，和家人一起坚持渡过了难关。

由于学习成绩优秀，在上高中后，他连续两年获得校综合奖学金和"校三好学生"称号。这一切的收获都同他在苦难面前没有低头、选择坚强面对有很重要的关系。

后来有人采访他,他说:"我感谢国家、社会、学校、村里的乡亲,还有我的父母,感谢所有关心和爱护我的人。我会更加努力使自己成才,早一天回报社会,帮助那些需要帮助的人。即使遇到更大的苦难和挫折,我也要坚强面对,同苦难做斗争,渡过重重难关。"

是啊,坚强的人在苦难面前是不会退缩的。

一般来说,大多在幼年常遇苦难阻碍的青少年,日后往往有发展,而从没有遇过苦难挫折的人,反而比较脆弱。因为,艰难困苦的环境能磨炼我们的意志,我们必须为了生存而克服各种困难,奋斗不止,为了取得成功,必须经受住失败的考验,因此,我们唯有选择坚强,忍受他人难以忍受的苦难,才能更好地解决问题,获得成功。

在茫茫无垠的沙漠里,骆驼像个哲学家一样,一边踱着步子,一边沉思着。在沙漠里,没有水,没有草,有时候还会风沙漫天,难辨方向。坚忍不拔的骆驼却总是能向前行走。

有一天,骆驼在沙漠里发现了一株仙人掌,惊异地停步问道:"小家伙啊,你是怎么在这么恶劣的沙漠中生存的呢?"

仙人掌笑着反问说:"嘻!大块头啊,那么你又是怎么在这沙漠中行走的呢?"

骆驼回答道:"我啊,因为我能吃苦耐劳,经过长期的磨炼,形成了适应沙漠生活的特殊习性和身体机能,所以我能在沙漠里行走。你又是怎么做到的呢？"

仙人掌说："我同你一样，都是因为长期的锻炼，养成了抗旱耐渴的习性，拥有了适应沙漠生活的特殊机能，所以能适应沙漠中的生活。"

骆驼又发问道："你为什么身上长了这么多的刺？"

仙人掌笑着回答说："就是因为我满身生刺，才不会被动物吃掉。刺是我的叶子，这样的叶子不会使身体里储藏的水被蒸发掉，我不怕干旱，所以能够在沙漠里生存下来。"

骆驼听后认真地点了点头，带着敬意告别了仙人掌，向前走去，伴着沉思："不错，凡是能够在艰苦环境中生存下来的，都经过了无数次的磨炼，具有了百折不挠、战胜一切的意志和坚忍不拔的品质。"

那么，在日常生活中，当我们遇到苦难时，我们应怎么办呢？这个小故事中的骆驼和仙人掌都是我们的好老师。它们指导我们，在遇到苦难时，我们应选择坚强，勇敢地战胜困难，并且要适应不良的环境，最终才会渡过难关。

大自然里，这样的例子还有很多，如嫩绿的小草为了呼吸到地面的空气，能够用尽全力从石头缝中生长起来；又如河里的鱼儿为了寻找食物，常常逆着水流往上游。

自然科学家达尔文曾说过这样一句话："适者生存。"它的意思是生物必须学会适应糟糕的环境才能生存下来。对于我们来说，只有在苦难面前坚强起来，永不退缩，克服困难，才能使自己不断进步，才能有更好的发展。

我们要怎么做，才能在苦难面前使自己变得坚强呢？我们可以从以下几个方面入手，进行自我培养。

第一，找出自己的不足。明确了自己的不足之处，就可以针对具体的问题进行自我修炼。

第二，培养丰富的情感。丰富的情感可以成为我们行为的支撑，因为丰富的情感使我们懂得爱生活，爱我们周围的人，为人处世，我们便多了一些热情，多了一些责任感，也就有了人们所说的"良心"。从而我们也会有勇气、有毅力克服困难，把事情做好。

第三，从小事做起。坚强的性格最终要在实践锻炼中才能获得，我们要让自己投身到各种实践中去，从小事着手培养自己坚强的性格。

在我们身边有些人既希望自己具有坚强的性格，又害怕平时遇到困难，事事讲舒服、图安逸，即使是去野外游玩，也吃不得半点苦。这样，坚强的性格将永远停留在遥远的彼岸，属于别人而不属于自己。

因此，我们要学会把眼前的困难当成锻炼自己的机会，用微笑来对待困难，在日常与困难的斗争中使自己坚强起来，要逐步养成自我检查、自我监督、自制的习惯。当自己犹豫时，使自己果断一些；当自己畏惧时，让自己"大胆些""不要怕""不要丧失信心""再坚持一下"。久而久之，我们就可以逐渐战胜自己的软弱，使自己的意志力达到新的高度。

抱怨，只会使你更加困顿

在生活中，我们难免要遭遇挫折与不公正的待遇，每当这时，有些人就会产生不满情绪。不满通常会引起同情，吸引别人的注意力。从心理角度上讲，这是一种正常的心理自卫行为。但这种自卫行为同时也是许多人心中的痛，牢骚、抱怨会削弱责任心，降低工作积极性，这几乎是所有人为之担心的问题。

通往成功的征途不可能一帆风顺，遭遇困难是常有的事。事业的低谷，种种的不如意让你仿佛置身于荒无人烟的沙漠，没有食物也没有水。这种漫长的、连绵不断的挫折往往比那些虽巨大但可以速战速决的困难更难战胜。

在面对这些挫折时，许多人不是积极地去找一种方法化险为夷，绝处逢生，而是一味地急躁，抱怨命运的不公平，抱怨生活给予的太少，抱怨时运的不佳。

张三是一家汽车修理厂的修理工，从进厂的第一天起，他就开始喋喋不休地抱怨，"修理这活太脏了，瞧瞧我身上弄的""真累呀，我简直讨厌死这份工作了"。

每天，张三都是在抱怨和不满的情绪中度过的。他认为自己在受煎熬，在像奴隶一样卖苦力。因此，张三每时每刻都窥视着师傅的眼神与行动，稍有空隙，他便偷懒耍滑，应付手中的工作。

转眼几年过去了，当时与张三一同进厂的三个工友，各自凭着精湛的手艺，或另谋高就，或被公司送进大学进修，独有张三，仍旧在抱怨中做他讨厌的修理工。

抱怨的最大受害者是自己。生活中你会遇到许多才华横溢的失业者，当你和这些失业者交流时，你会发现，这些人对原有工作充满了抱怨、不满和谴责。要么就怪环境条件不够好，要么就怪老板有眼无珠，不一而足。

总之，牢骚一大堆，积怨满天飞。殊不知这就是问题的关键所在。吹毛求疵的恶习使他们丢失了责任感和使命感，只对寻找不利因素兴趣十足，从而使自己发展的道路越走越窄。

他们与公司格格不入，变得不再有用，只好被迫离开。如果不相信，你可以立刻去询问你所遇到的任何10个失业者，问他们为什么没能在所从事的行业中继续发展下去，10个人当中至少有9个人会抱怨旧上级或同事的不是，绝少有人能够认识到自己之所以失业的真正原因。

提及抱怨与责任，有位企业领导者一针见血地指出："抱怨是失败者的一个借口，是逃避责任者的理由。爱抱怨的人没有胸怀，很难担当大任。"

仔细观察任何一个管理健全的机构，你会发现，没有人会因为喋喋不休的抱怨而获得奖励和提升。这是再自然不过的事了。想象一下，船上水手如果总不停地抱怨：这艘船怎么这么破，船上的环境太差了，食物简直难以下咽，以及有一个多么愚蠢的船长……

这时，你认为，这名水手的责任心会有多大？对工作会尽职尽责吗？假如你是船长，你是否敢让他做重要的工作？

如果你受雇于某个公司，就发誓对工作竭尽全力，主动负责吧，只要你依然还是整体中的一员，就不要谴责它，不要伤害它，否则你只会诋毁你的公司，同时也断送了自己的前程。如果你对公司、对工作有满腹的牢骚无从宣泄时，做个选择吧。

一是选择离开，到公司的门外去宣泄；二是选择留下。当你选择留在这里的时候，就应该做到在其位谋其政，全身心地投入到工作上来，为更好地完成工作而努力。记住，这是你的责任。

一个人的发展往往会受到很多因素的影响，这些因素有很多是自己无法把握的，工作不被认同、才能不被发现、职业发展受挫、上司待人不公、别人总用有色眼镜看自己……

这时，能够拯救自己走出泥潭的只有忍耐。比尔·盖茨曾告诫初入社会的年轻人："社会是不公平的，这种不公平遍布于个人发展的每一个阶段。"在这一现实面前，任何急躁、抱怨都没有益处，只有坦然地接受现实并战胜眼前的痛苦，才能使自己的事业有进一步发展的可能。

他首次参加职业高球赛时，穿着网球鞋、两美元的裤子，没戴手套，背着20美元的球袋，以及总价70美元的球杆。他有啤酒肚，留着络腮胡，打球的姿势也不雅观。他的手抬得又高又远，挥杆画出大约四分之三个圆圈，和一般高尔夫球职业选手教人打球的方式大相径庭。

他是谁呢？他就是最近在世界高尔夫球职业赛中创造佳绩的罗勃·蓝德斯。50岁的他，可以说是最不可能名列职业高球名将的人。如果有人把他写成剧本，好莱坞片商绝对不会花钱买下来。

罗勃从22岁开始打高尔夫球，28岁第一次参加职业赛。1983到1991年之间，他因为背痛无法练习深爱的运动。从那时候起，他平均每周只打一次球。他完全是苦出身，没看过任何相关书籍，也没上过高尔夫球课。

这位球坛名将一生起伏很大，他原先的工作每年有1.8万美元的收入。但是公司倒闭，他就失业了。为了谋生，他只好砍柴出售，因此手臂非常强壮。他有一座小农场，就在农场的房舍和牛群上空打高尔夫球。为了筹措到佛罗里达州的旅费，以便符合参赛资格，他把手中1万美元的股票以4000美元变卖掉。

罗勃·蓝德斯的梦想几乎是个遥不可及的梦，但是他志在必得，利用每一个机会练习，为这项艰难的挑战做准备。他不像有些人那样自怜自怨："我真是命苦呀！"反而以百折不挠的态度，开创了崭新的局面。或许你和我也可以本着相同的态度达成梦想呢！

拳击选手吉尼·东尼一辈子最幸运的一件事，就是曾经在比赛中打断了双手。他的经纪人觉得他再也不可能用力出拳争取重量级冠军。然而，东尼却决心做个有头脑、有技巧的拳击家，而不是不顾一切出拳的猛将。

拳击史家可以告诉你，他果真成了拳击史上数一数二的好手。如果他像没有断手之前那样只知凶狠出拳，绝对无法打败最强悍的重量级选手杰克·谭普西。总而言之，如果东尼没有遇到断手的问题，绝不会浴火重生而得到重量级冠军的荣誉。

包容你遭遇到的不平事

生活中的不平事很多,以至于有人在不平事面前拔不开腿脚,智慧得不到施展。其实,如果你能够包容,看淡生活中的那些不平事,那么,这些不平事必然会转换成公平之事。

亨特遭到女友抛弃后来请大师指点,他说女友还活得好好的,感到愤恨难平。大师非常诧异,问他为什么。

亨特回答:"我们在一起时发过重誓的,先背叛感情的人在一年内一定会死于非命,但是到现在两年了,她还活得很好,老天难道听不到人的誓言吗?"

大师笑了,他告诉亨特,如果人间所有的誓言都会实现,那么人类早就绝种了。因为在谈恋爱的人,除非没有真正的感情,全都是发过重誓的,如果他们都死于非命,这世界还有人存在吗?老天不是无眼,而是知道爱情变化无常,我们的誓言在智者的耳中不过是戏言罢了。

"人的誓言会实现其实都是巧合。"大师说。

"那我该怎么办呢?"亨特问。

大师没有直接回答他这个问题,而是给他讲了一个寓言:

"从前有一个人,用水养了一条非常名贵的金鱼。一天,鱼缸被打破了。这个人有两个选择,一个是站在水缸前诅咒、怨恨，眼看金鱼因离开水而死：一个是赶快拿一个新水缸来救金鱼。如果是你，你怎么选择？"

"当然赶快拿水缸来救金鱼了。"亨特迅速而有理智地说。

"这就对了，你应该快点拿水缸来救你的金鱼，给它一点滋润，救活它。然后把已经打破的水缸丢弃，一个人如果能把诅咒、怨恨都放下，才会懂得真正的爱。"大师语重心长地对亨特说。亨特顿悟，面带微笑，欢喜而去。

生活确实有它不公平的一面，绝对的公平是不存在的，世界不是根据公平的原则而创造的。如果我们遇到不公平的事，也不要整天怨天尤人，其实，怨也没有用，他丝毫改变不了你的境遇，只会徒然增加自己的烦恼而已。

付出与回报的天平上总会出现不尽如人意的误差，苦苦地追寻换来的也许只是一身的疲惫，挥洒的汗水也不总是换来期待中的收获。

这是一个出身于贫寒单亲家庭的黑人小男孩，他只有7岁，由于长期营养不良，他显得瘦弱，但是眼睛却是明亮的。然而这天的事情，使这双明亮的大眼睛黯淡下来。

老师让同学们为"社区基金"捐钱。小男孩手里攥着自己捡垃圾挣的3美元，激动地等待着老师叫他的名字，然后他便可以自豪地走上讲台捐出自己挣的血汗钱。但老师没念他的名字，他感到很奇怪，于是问老师为什么不叫他的名字。

老师厉声说:"我们这次募捐正是为了帮助你和像你这样的穷人,这位同学,如果你爸爸出得起你5美元的课外活动费,你们就不用领救济了。何况,你没有爸爸……"

这些无情的话语如霹雳一般,狠狠地击中了男孩的心。小男孩眼含泪水冲出了学校。羞辱让他变得坚强。从此,他拼命学习和做工。这个黑人小男孩就是当今美国著名的黑人电台节目主持人狄克·格里戈。

可见,不公平并不一定是坏事,他可以摧毁人的自信,但也可以催促人奋进。就看你能否忍耐,选择向下还是向上了。

自然有失衡的一面,譬如豹吃狼、狼吃獾、獾吃鼠、鼠又吃其他动物,只要看看大自然就可以明白,这些对于受到威胁的弱者来说永远是不公平的。

强者生存,弱者灭亡,优胜劣汰,没有公平可言。飓风、海啸、地震等自然灾害对所有生命来讲都是不公平的。同样,人生也有失衡的一面,人类社会里,贫穷、战争、疾病、犯罪、吸毒等不平等的现象此起彼伏。公平是神话中的概念,人们每天都过着不公平的生活。

面对生活中不公平的人和事,学会包容显得尤其重要。只要我们能够平心静气,不被其所牵绊,不让它成为控制自己理智的绳索。你没有好的家境,但是你经过漫长的坚忍努力,最后获得了突出的成绩;你这次没评上职称,但是你忍耐下来,从改进自己的工作入手,最后你成了公司独当一面的人物,这些都是包容带来的成果。

既然如此,你又何必对不公平耿耿于怀呢?人的心理常常受到伤害的原因之一，就是要求每件事都必须公平。其实，世界上根本就没有绝对的公平，所以我们不要事事都拿着一把公平的尺子去衡量。

生活也许并不是我们想象得那样美好，它对每个人的待遇都存在着偏心。有的人，从一生下来就非常顺利，做什么都一帆风顺，没有什么坎坷，事业、婚姻都让别人羡慕；可有的人，从生下来就注定是个倒霉蛋，事业的挫折，生活的艰苦，情感的失意，都在困扰着他，甚至有时连小小的心愿也难以实现。

其实这就是正常的生活。因此，不要对生活中给予你的不平心存怨恨，尽早地忘却它吧！只有不断地抛弃烦恼，生活才会对你展露它最灿烂的微笑。

你的教养，全都写在脸上

人的一生，就像是一次旅行，沿途中既有数不尽的坎坷泥泞，也有看不完风景。我们既能享受阳光、希望、快乐、幸福……也要面对黑暗、绝望和不幸。

在面对人生的美丽时，我们都能微笑迎接，可是当我们面对人生那些不可避免的哀愁时，我们会有什么样的反应呢？你的教养，全都写在脸上。

古希腊有一个大政治家叫狄摩西尼，他的齿唇上天生留有缺陷，说话含糊不清，很难与人沟通、交流，这令他非常苦恼。为了纠正自己的这个毛病，狄摩西尼找来一块小鹅卵石含在嘴里练习说话。

他有时跑到海边，有时跑上山，尽量放开喉咙背诵诗文，练习一口气念几个句子。长时间的练习，石子磨破了他的牙龈，每次都弄得满嘴是血，血染红了他的嘴里那块石头。但这些困难没有使他放弃练习，一直到口齿流利，能侃侃而谈为止。

狄摩西尼的故事之所以感人，是因为他在用意志与躯体抗争，用美好的愿望与不幸的缺陷抗争。其实，这更像是在拔河，是在心里拔河。有时候，我们的心中时常会萌生出一些美好的愿望，并按照这美丽的线索，去寻找自己生命的春天。

但是，自身的缺陷、懒惰、怯懦等束缚着愿望远行的脚步。为此，双方总要在内心深处较量一面。而较量的结果大概只有这样两种：一种是行动伴着愿望一起走，一种是美好的愿望枯萎在束缚的泥潭里。

有两个姑娘，她们一个叫珍妮，是美国人，另一个叫南希，是英国人。她们聪明、美丽，但都有残疾。

珍妮出生时两腿没有腓骨。一岁时，她的父母做出了充满勇气但备受争议的决定，截去珍妮的膝盖以下部位。珍妮一直在父母怀抱和轮椅中生活。

后来，她装上了假肢，凭着惊人的毅力，她现在能跑，能跳舞和滑冰。她经常在女子学校和残疾人会议上演讲，还做模特，频频成为时装杂志的封面女郎。

与珍妮不同的是,南希并非天生残疾。她曾参加英国《每日镜报》的"梦幻女郎"选美,一举夺冠。1990年她赴南斯拉夫旅游,决定侨居异国。当地内战期间,她帮助设立难民营,并用做模特赚来的钱设立希茜基金,帮助因战争致残的儿童和孤儿。

1993年8月,她在伦敦不幸被一辆警车撞倒,造成肋骨断裂,还失去了左腿。但她没有被这一生活的不幸击垮。她很快就从痛苦中恢复过来,康复后她比以前更加积极地奔走于车臣、柬埔寨,像戴安娜王妃一样呼吁禁雷,为残疾人争取权益。

也许是一种缘分,珍妮和南希在一次会见国际著名假肢专家时相识。她们一见如故,现在情同姐妹。

虽然肢体不全,但她们都不觉得这是多么了不得的人生憾事,反而觉得这种奇特的人生体验,给了她们更加坚强的意志和生命力。她们现在使用着假肢,行动自如。只有在坐飞机经过海关检测,金属腿引发警报器铃声大作时,才会显出两位大美人的腿与众不同。

只要不掀开遮盖着膝盖的裙子,几乎没有人能看出两位美女装有假肢。她们常受到人们的赞叹:"你的腿形长得真美,看这曲线,看这脚环,看这脚趾涂得多鲜红!"

珍妮说:"我虽然失去双腿,但我和世界上任何女性没有什么不同。我喜欢打扮,希望自己更有女人味。"

这对姐妹几乎忘了自己身带残疾,她们没有时间去自怨自艾,人生在她们眼里仍然是美好的,她们在人们眼中也是美好的。也有很多异性在追求她们,她们和别的肢体健全的姑娘一样,也有着自己的爱情。

乐观地面对生命的一切,永远积极地生活,这就是珍妮与南希的做事原则和人生态度。虽然,每个人的人生际遇各不相同,而且命运也并不是对每一个人都很公平,但是相信上帝在关上一扇窗的同时,会为你打开一道门。

面对窗外的大地和天空,就看你能不能高昂起你的头,用一双智慧的眼睛,透过岁月的风尘寻觅到辉煌灿烂的繁星。先不要说生活怎样对待你,而是应该问一问自己,你是怎样看待生活的?

面对人生的阴暗面时,如果我们的一颗心总是被忧愁、沮丧所覆盖,干涸了心泉、黯淡了目光、失去了生机、丧失了斗志,我们的人生轨迹岂能美好?而我们又岂能成就大事?

但假如我们能始终保持一种健康向上的心态,乐观地看待眼前发生的一切,那么,即使我们身处逆境,四面楚歌,也一定会有"山重水复疑无路,柳暗花明又一村"的那一天。

在人生的道路上,既有阳光也有风雨,一个人要想赢得人生,就不能总把目光停留在那些消极的东西上,那只会使人沮丧自卑、徒增烦恼,让人生被生活的阴影遮蔽它本该有的光辉。

不幸是人生的催化剂

日本宣布投降后的第二天,也就是1945年8月16日,玛丽·布朗太太走进位于加拿大渥太华的自家住宅,无边的寂静与空虚顿时包围了她。

若干年前，她的丈夫丧生于车轮之下。接着，与她住在一起的母亲也因病去世，更大的不幸还在后面：

"当许多钟声和汽笛声都在宣告和平再度降临的时候，我唯一的儿子达诺也猝然离开了人世。我已失去了丈夫和母亲，如今儿子一死，我在这个世界上已没有一个亲人了。"

"孩子的葬礼结束之后，我独自走进空荡荡的屋子里。我永远也不会忘记那种空虚的、无依无靠的感觉。我害怕今后的生活，害怕整个生活方式的完全改变。而最可怕的，莫过于我将与哀伤共度余生，这才是最让我感到恐惧的。"

接下去的一段日子，布朗太太完全生活在一种茫然的哀伤、恐惧和无依无助的感觉里。她迷惑又痛苦，全然不能接受所发生的一切。她继续描述道："渐渐地，我明白时间会帮助我治疗伤痛。只是时间太空虚了，我必须做些事来填补这些空虚，因此，我再度回去工作。"

"工作使人充实起来，我也逐渐对生活再度感兴趣，如朋友、同事等。一日清晨，我从睡梦中醒过来，忽然认识到所有不幸均已成为过去，以后的日子一定会变得更好。我知道用头撞墙的举止是愚蠢可笑的，是不能面对生活的弱者的做法。对于那些我无法改变的事实，时间已教会我如何承受。"

"这种心路历程进行得十分缓慢，不是几天或几个星期，而是一年、两年，但不管怎么说，它还是发生了。"

"多年过去了，当我回过头去再看那段生活，就会感到自己这只船只虽然历经一场巨大的风浪，如今又重新驶回风平浪静的海面上。"

往往很难让我们相信为什么布朗太太这样的悲剧会发生在我们身上。因此，当悲剧发生时最好先面对它们，接受它们。当布朗太太强迫自己接受失去家人的事实时，心理上便已预备要让时间来治疗这样的痛楚。抗拒命运就像把毒药倾倒在伤口上，是无法让自己开始新的生活的。

我们面对不幸的唯一方法就是接受它。当我们的生活被不幸的遭遇分割得支离破碎的时候，只有时间可以把这些碎片捡拾起来，并重新抚平。我们要给时间一个机会。在初受打击的时候，整个世界似乎停止运行，而我们的灾难也似乎永无止境。但苦难已经发生，时光难以逆转，活着的人总还得往前走，去履行生命计划中的种种目的。

我们只有完成了这些生命中的种种运作，痛楚便会逐渐减轻。终有一天，我们又能唤起以往快乐的回忆，并且感受到被护佑，而不是被伤害的感觉。要想克服不幸的阴影，时间是我们最好的盟友，但唯有我们把心灵敞开，完全接受那不可避免的命运，我们才不会沉溺在痛苦的深渊里难以自拔。

不幸遭遇并非都是扼杀人的刽子手，有时候，它还是促使我们采取行动的催化剂，对改善状况大有必要。它能使我们的才智变得灵敏，以帮助我们解决以前难以解决的问题。

印度的克里士纳说："人的幸福结局，并非是平淡、安稳的喜乐，而是轰轰烈烈地与不幸奋斗。"

人的生活会因"轰轰烈烈地与不幸奋斗"而变得更深沉、更多彩，也更丰盛。它会让我们挖掘出深藏在人性深处的资质。这些能力和资源只有经过大苦难、大悲大喜才会苏醒过来，为我们所用。

莎士比亚在《哈姆雷特》一剧中曾这么说过："要采取行动以抵制

困境。只有对抗,才能结束困境。"

你见过美国西南地区的沙尘风暴地带吗?你见过那些无情的沙尘暴摧毁过多少农庄、破坏过多少人的生计吗?你曾感受过那些沙尘,见过那些沙尘,并且日复一日地吞食那些沙尘吗?

下面这个故事的主角便是一个自小生活在沙尘阴影下的男孩。他今年21岁,家就住在沙尘暴地带内,双亲为了生存,一生都在与风暴和干旱搏斗。

父母去世之后,年轻人便担负起养家的重担。直到有一天,他们实在到了山穷水尽的地步——没有农作物可以收,谷仓里一无所有,他们就要饿肚子了——年轻人眼望着破败的农舍,一筹莫展。忽然,他8岁的小妹妹开门走进来,身旁还跟着她的一个好朋友。"

"吉米,你可以给我10美分吗?"她热切地问道,"我们想到店里去买些饼干,我们每一个人需要10美分。"

吉米点点头——因为他想不出一个好理由来拒绝。但他没有10美分,搜遍了全身的口袋也找不到10美分。

他非常羞愧地说:"妹妹,非常对不起,我没有10美分。"

当天晚上,吉米翻来覆去睡不着觉,因为他永远也忘不了妹妹脸上失望的表情。在他短短的人生历程中,他曾历经不少打击——双亲去世、工人离职、沙尘暴的袭击……但没有一次像这样——他居然没有10美分可满足自己年幼的小妹妹……这么卑微的要求……自己的生活,改善自己的人生状况。就在天色将亮的时候,他终于下定了决心,并想好了整个计划。

吉米的理想是当一名教师。但是自从双亲过世之后,他想继承双亲的遗志担负起农场的工作。现在,眼见农场一再受到沙尘暴的摧残,农场的工作已难以为继。于是第二天,吉米到镇上给自己找了一份临时工作。

从那时起,他借来许多书,每天都认真地读到深夜,以准备有朝一日能得到他真正想要的工作——当一名教员。经过不懈的努力,后来他终于在一所乡村学校找到教职。由于他努力不懈,诲人不倦,赢得了邻居的赞美与尊敬。

这是一种不幸的形式——由于一名小女孩向她的兄长要10美分——这个事件驱使吉米改变生活的方向,并且突破了困难,最后终于达到自己所追求的目标。

人生最大的悲痛莫过于生离死别,但是有时候,某些行动却可以减轻与家人分离的痛楚。这是发生在密西西比州杰克森市一位克文顿太太身上的故事。克文顿太太有3个小孩,身体状况都不好,仅照顾他们就使她颇费心机。不幸的是,有一天他的家庭医师又告诉她,说她的丈夫得了一种严重的心脏病,随时都有病发身亡的危险。克文顿太太事后回忆说:

"我听了医师的话感到非常害怕,并且开始担忧。我晚上开始睡不着觉,没多久体重便减轻了15磅,医师认为我是过于神经质。一天晚上,我又睡不着觉,便自问自己这么担惊受怕是否能改变状况。到了第二天早上,我开始计划自己应该做些有用的事。

"由于我丈夫颇精于木工,能亲手做出许多种家具,所以我要求他替我做一张床头小桌。他答应下来,并且花了好几个下午认真去做。我注意到这种工作带给他极大的乐趣。小桌完成后,他又为朋友做了好几件家具。

"除此之外,我们还开辟了一片园地,开始种花种菜。我们把最好的收成都送给朋友,并尽量想出一些我们可以帮助别人的事来做。闲暇的时候,我们还坐下来讨论有关种植果树等种种计划。

"一日凌晨一点多钟的时候,我的丈夫突然病发逝世。我那时才体会到,其实最近这几年,我们一直把这可怕的压力放在一边,过着有生以来最快乐、最有意义的生活。我就是这样面对悲剧,并尽力用最好的方式来接受它,转化它。"

克文顿太太用超人的勇气和毅力来面对不幸,使她丈夫最后几年的岁月过得快乐又有意义,而她自己也因此留下一段美好的回忆。

要想摆脱不幸的阴影,最好的方法便是提升自己去帮助别人。有一位家住威斯康星州的太太,由于她把自己个人的伤痛化成力量,转而去帮助其他陷于痛苦的人,因此广受别人的敬重。这位太太的儿子是名飞行员,在第二次世界大战期间驾机迎敌,血染长空时,年仅23岁。

虽然这位母亲十分哀痛,却不需要别人的怜悯,她说道:"我认识许多不快乐的母亲。她们有的因为孩子得了痉挛性瘫痪的疾病;有的则因孩子精神上或心理上不健全,无法正常为社会服务。当然,还有些妇女是想当母亲却一直无法如愿。我有幸拥有一个好儿子,并且与他共度了23年快乐的时光。我会把这些快乐的记忆永远保留在我的脑海里。现在,我要服从上帝的意旨,尽可能支持帮助其他需要救助的母亲。"

她真的是这么做的。她不辞辛劳地安慰那些因儿子出征而需要帮助的父母,或是出征者本人。"把自己的心思和精力用来帮助别人,你便没有时间去注意自己的烦恼。"这位母亲的所作所为正是成熟的标志,也是我们某些沉溺于苦难中的人应该学习的课程。

生命并不是一帆风顺的幸福之旅,"不幸"这个恶魔随时都可能向我们发起攻击。我们不能像鸵鸟一样把头埋在沙堆里面,拒绝面对各种麻烦。麻烦不会因此获得解决。苦难是人类生活的一部分,只有实实在在地去面对,才是成熟的表现。

不成熟的人最常犯的过错,便是遇事不敢面对,一味退缩,一味害怕。许多小孩在游戏的时候,常因自己没有胜算便拒绝玩下去,成熟的成年人便不会如此,他们会一试再试,直到成功为止。

请看康涅狄格州诺维斯市长塞门讲的一个故事,内容是有关一名男孩虽然遭遇不幸,却仍然勇往直前的故事。赛门先生在大学时代有个室友名叫杰克,是个活泼有朝气的学生,后来却戏剧性地离大家远去。以下是塞门先生的叙述:

"杰克极有艺术天分,而且是个非常热心的学生。他参加学校各种表演活动,包括幕后工作与幕前的表演。他是学校各种年度表演的总召集人,他还在乐队担任鼓手,可说是多才多艺的全能人才。离开学校之后,他到一家电视台工作,后来成为电视影片制作人。他极热爱自己的工作,每天都把全部精神和力气投到工作上面。

"一天,我突然接到朋友打来的电视,告诉我杰克去世了。这使我异常惊讶和悲痛。朋友告诉我杰克得了一种绝症,但他却从来没有让别人知道。从大学时代他便知道自己来日不多。我一想到杰克那时的热忱、风趣及积极参与各种活动的精神,实在唏嘘不已。从他身上,我学到了珍贵的一课:除非生命结束,否则绝不停止。"

杰克的故事使听到的人无不为之感动,也无不受到他的精神的鼓舞。他选择了最勇敢、最成熟的方法去面对难以拒绝的不幸遭遇。

在卡耐基成人训练班里,有位名叫迈克的学员讲了一个类似的故事：

1948年，迈克21岁，但已经可以进入军中服役，他在一次战役中受了严重的眼伤，眼睛因此看不见东西。虽然他承受这么大的伤害和痛楚，性格却十分开朗。他常常与其他病人开玩笑，并把自己配给到的香烟和糖果分赠给大家享用。

医生们为恢复迈克的视力尽了最大的努力。一日，主治大夫亲自走进迈克的房间向他说道："迈克，你知道我一向喜欢向病人实话实说，从不欺骗他们。迈克，我现在要告诉你，你的视力是不能恢复了。"

时间似乎停止下来，房间里呈现可怕的静默。

"大夫，谢谢你！谢谢你告诉我实情。"迈克终于打破沉寂，平静地回答道，"其实，我一直都知道会有这个结果。非常感谢你们为我费了这么多心力。"

医生走后，迈克对他的朋友说道："我觉得我没有任何理由可以绝望。不错，我的眼睛瞎了，但我还听得见，还能讲话，而且我的身体强壮，还可以行走，双手也十分灵敏。何况，就我所知，政府可以协助我学得一技之长，以让我维持生计。我现在所需要的，就是调整自己的心态，迎接新的生活。"

这位拥有明亮视野的盲眼士兵，由于忙着计算自己所拥有的幸福，竟不屑花时间去诅咒自己的不幸。这便是100%的成熟，也就是我们要面对问题的方法。我们每个人有生之年都要面对这样的考验，无论是谁！

对那些面对厄运只会怜悯哀叹的人来说，这里只有一个答案："为什么不呢？"

上帝并不偏爱任何人。身为一个人，我们都会历经一些苦难，正好像我们也会历经许多快乐一样。生活的磨难早晚会使我们懂得：在受苦受难的经历里，我们每个人都是平等的。无论是国王或乞丐、诗人或农夫、男性或女性，当他们面对伤痛、失落、麻烦或苦难的时候，他们所承受的折磨都是一样的。无论是任何年纪，不成熟的人都会表现得特别痛苦或怨天尤人，因为他们至死都不明白，诸如生活中的种种苦难，像生、老、病、死或其他不幸，其实都是客观世界的自然现象，是每个人都避免不了的。

微笑着面对人生的逆境

我们都希望自己的生活中能够多一些快乐，少一些痛苦，多一些顺利，少一些挫折，可是命运却似乎总爱捉弄人、折磨人，总是给人以更多的失落、痛苦和挫折。

面对逆境，我们是选择流泪还是微笑呢？我相信，微笑是个明智的选择。一味地沉溺在悲伤中，只会让人永远痛苦。在一切事情与他的愿望相悖时仍面带微笑的人，是胜利者，因为这是常人不能够做到的。让我们来看一个小女孩是如何做到在逆境中微笑的吧。

那是一个阴冷的日子，我永远也忘不了那一天。那天，我和姐姐在房间里剪窗花。我们费了好大工夫，终于剪好了，我们开心得手舞足蹈。

就在这时，一件想不到的事情发生了。姐姐因为忘乎所以，忘记了手中的剪刀，我只觉得眼前一黑，疼痛难忍，捂着眼睛大哭起来。

　　惊慌失措的姐姐也被吓得哭了起来,哭声惊动了爸爸妈妈,他们跑进屋里。当知道事情经过时,爸爸抱起我疯了似的向医院奔去……

　　经过医生的极力抢救,我虽然保住了左眼球,但医生却告诉我,我的左眼永远没有视力了!我如同五雷轰顶!这怎么可能?我还只是一个不满10岁的小女孩呀,以后我怎么生活?我又哭又闹,不配合医生的治疗。妈妈用尽了各种办法安慰我,都无济于事,只好偷偷地抹眼泪。

　　就这样,我在悲伤中艰难地度过了一年时间。直到有一天,我在电视里偶然看了马丽姐姐的故事,她也是一个残疾人,可她却在自己的生活舞台上创造了辉煌。

　　那一刻,我才明白,残疾并不等于残废,也同样可以有自己的梦想,自己的追求。从那以后,我不再愁眉苦脸了,每天用微笑迎接初升的太阳。

　　现在,我已经是一名六年级的学生了,我不但学习成绩优秀,还是班上合唱队的主力。我还有更远大的志向:长大以后干出一番惊天动地的大事业!

　　人生在世,都有可能遇到逆境。逆境是不可避免的,但是,如何面对逆境,如何走出逆境,甚至,将其变成我们前进的动力,才是我们需要考虑的问题。
　　故事中的这个小姑娘不幸失去了左眼的视力,可以说是逆境,但是可贵的是,她没有让自己永远悲伤下去,而是选择了微笑去面对,这是我们都要学习的。

人生就像在大海中航行的船只,有时候会遇到顺风;有时候则会遇到逆流,扰乱你的航向。生活中,坎坷是绝对的,顺利是相对的,一帆风顺则是少有的。人有悲欢离合,月有阴晴圆缺,这是自古以来的人生规律。关键就看我们是如何面对人生中的逆境。

人处逆境,并不完全是坏事。星星只有在黑暗中才能闪光,逆境能催人奋发,能使人更加坚强,我们须正视逆境,在生活的海洋中不断端正自己的航向,一个人一旦具有了高尚的情操和精神境界,就会心胸开阔,淡泊名利;就能老当益壮,不坠青云之志;就能自强自立,变逆境为顺境。

客观世界不会改变,需要改变的是我们的心态和眼光。面对逆境,我们与其痛苦地倒下去,还不如微笑着站起来!

微笑是不幸生活的一帖良药,保持快乐的精神,用微笑去面对生活中的人和事物,面对平凡中的每一天,你就会发现生活的美好与真谛了。

一个人的一生,微笑也是一辈子,痛苦也是一辈子。用微笑去面对打击,经历过后,你就会发现原来没什么过不去的坎。如果总是叹息自己的命不好,埋怨命运对自己不公平,那么你的生活就会真的越来越狭窄了。

在顺境中微笑,是人人都能做到的。在逆境中微笑,是我们应该学会的。因为强大的信心,才能坚持下去,才会带来形势的转变。

在逆境中保持微笑,它能给你战胜挫折的勇气。我们前进的脚步总是让挫折绊住。我们要做生活的主人,不要坐在绊脚石的面前唉声叹气,要学会微笑着用有限的生命来超越无限的自己。

在逆境中保持微笑,能让你把痛苦瞬间减小,长期沉迷于痛苦的失意中只能让人不能自拔。只有微笑，能让你重新振作起来，摆脱挫折的阴影，走向辉煌的未来。

生活中，不管遇到了多大的困难，我们都要保持微笑，以平和的心态去面对。记住，假如我们转身面向阳光，身子就不可能陷在黑暗的阴影里。

学会给自己带来一份好的心情，拥有一份坦然；给他人一个微笑，就会给自己一份舒心；给他人一个微笑，就会给自己一点阳光。让自己保持微笑，面对生活，珍惜每一天吧！

把负能量变为正能量

如何才能快乐地生活下去呢？芝加哥大学校长罗伯特·哈金先生说："我一直按照一个小小的忠告去做，这是已故的西尔斯百货公司董事长朱利亚斯·罗森沃德告诉我的。他说：如果你手中有个柠檬，何妨榨杯柠檬汁！"

伟大的人物都采取那位芝加哥校长的做法，但是一般人的做法则相去甚远。要是他发现生命给他的只是一个柠檬，他就会自暴自弃地说："我完了！这就是命运。我连一点机会也没有。"然后他就开始诅咒这个世界，开始自怨自艾，自暴自弃。

可是，当聪明人拿到一个柠檬的时候，他就会说："从这件失败之中，我可以学到什么呢？怎样才能吃一堑，长一智，怎样才能把这个柠檬做成一杯柠檬汁呢？"

伟大的心理学家阿德勒花了一生的时间来研究人类和人们所隐

藏的保留能力。最后宣称发现人类最奇妙的特性是"把负变为正的力量"。

下面要讲述的这位女士的经历正好印证了那句话。这位女士是瑟尔玛·汤普森。

"战时,我丈夫驻防加利福尼亚州沙漠的陆军基地。为了能经常与他相聚,我搬到附近去住。那实在是个可憎的地方,我简直没见过比那更糟糕的地方。我丈夫出外参加演习时,我就只好一个人待在那间小房子里。那里热得要命——仙人掌树荫下的温度高达华氏125度,没有一个可以谈话的人。风沙很大,所有我吃的、呼吸的都充满了沙尘!

"我觉得自己倒霉到了极点,觉得自己好可怜,于是我写信给我父母,告诉他们我放弃了,准备回家,我一分钟也不能再忍受了,我情愿去坐牢也不想待在这个鬼地方。我父亲的回信只有3行,这几句话常常萦绕在我心中,并改变了我的一生。

"有两个人从铁窗朝外望去,一个人看到的是满地的泥泞,另一个人却看到满天的繁星。

"我把这几句话反复念了好几遍,我觉得自己很丢脸。决定找出自己目前处境的有利之处,我要找寻那一片星空。

"我开始与当地居民交朋友,他们的反应令我心动。当我对他们的编织与陶艺表现出极大的兴趣时,他们会把拒绝卖给游客的心爱之物送给我。我研究各式各样的仙人掌及当地植物。我试着多认识土拨鼠,我观看沙漠的黄昏,找寻300万年前的贝壳化石,原来这片沙漠在300万年前曾是海底。

"是什么带来了这些惊人的改变呢?沙漠并没有发生改变,改变的只是我自己。因为我的态度改变了,正是这种改变使我有了一段精彩的人生经历。我所发现的新天地令我觉得既刺激又兴奋。我着手写一本书——一本小说。我逃出了自筑的牢狱,找到了美丽的星辰。"

瑟尔玛·汤普森所发现的正是耶稣诞生前500年希腊人发现的真理:"最美好的事往往也是最困难的。"

20世纪的哈里·爱默生·佛斯狄克也这样说:"快乐大部分并不是享受,而是胜利。"不错,这种胜利来自于一种成就感,一种得意,也来自于我们能把柠檬榨成柠檬汁。

不知你是否听说过佛罗里达州那位快乐的农夫?他甚至把一个毒柠檬做成了甜柠檬汁。这位农夫用多年积攒的钱买下了一片农场,结果令他非常颓丧。

那块地既不能种水果,也不能养猪,能生长的只有白杨树及响尾蛇。后来他想到了一个好主意,他要把那些响尾蛇变成他的资源。他的做法使每一个人都很吃惊,因为他开始生产响尾蛇肉罐头。

还不仅如此,每年来参观他的响尾蛇农场的游客差不多有20000人。他的生意做得非常大。他将响尾蛇所取出来的蛇毒,运送到各大药厂去做蛇毒的血清;将响尾蛇皮以很高的价钱卖出去做女人的鞋子和皮包;将装着响尾蛇肉的罐头销到了世界各地。更令人惊奇的是,这个村子后来改名为"佛罗里达州响尾蛇村"。可见,当地人是多么尊敬这位把毒柠檬做成了甜柠檬汁的先生!

在世界各地,有许多"把负变正"的男人和女人。

已故的威廉·伯利梭生前曾经这样说过:"生命中最重要的一件事就是不要把你的收入拿来算做资本,任何一个人都会这样做。真正重要的是要从你的损失中去获利。这就需要有才智才行,聪明人和傻子的区别就在这里。"伯利梭曾在一次火车失事中摔断了一条腿。

不过，还有一个断掉两条腿的人，也把负的转为正的。他的名字叫本·佛森。尽管他断了两条腿而坐在轮椅里，但他看上去却非常开心。下面就是他所讲述的故事。

"事情发生在1929年，我砍了一大堆胡桃木的枝干，准备做我的菜园里豆子的撑架。我把那些胡桃木枝干装在我的福特车上，开车回家。中途，一根树枝滑到车下，卡在车轴上，当时正是在车子急转弯的时候。车子冲出路外，我撞在一棵树上。我的脊椎受了伤，两条腿再也站不起来了。

"那一年我才24岁，从那时起我就再没有走过一步路。"

那么年轻就被判终身坐着轮椅过活。他怎么能够这样勇敢地接受这个事实，"我当时也确实难以接受。整个心中充满了愤恨和难过，每天都在抱怨命运对自己的不公待遇。可是随着时间一年年过去，我终于发现愤恨使我什么也做不成，只有使自己的脾气见长。我体会到，大家对我那么好，那么有礼貌，所以我至少应该做到一点，对别人也很有礼貌。"

随着时间的流逝，佛森是否还觉得他所碰到的那一次意外是一次很可怕的不幸？"不会了，相反，我现在还很庆幸有过那一次经历。"

当佛森克服了当时的震惊和悔恨之后，就开始生活在一个完全不同的世界里。他开始看书，对好的文学作品产生了喜爱。在14年里，他至少读了一千四百多本书，这些书为他带来了一个新奇的世界，使他的生活比他以前所想到的更为丰富。他开始聆听很多好音乐，以前让他觉得烦闷的伟大的交响曲，现在都能使他非常的感动。

更为重要的是，他现在有时间去思想。"有生以来第一次，我能让自己仔细地看看这个世界，有了真正的价值观；我开始了解，以往我所追求的事情，大部分实际上一点价值也没有。"

读书思考的结果，使他对政治有了兴趣。他研究公共问题，坐着轮椅去发表演说。由此他认识了很多人，很多人也认识了他。后来，本·佛森坐着他的轮椅做了佐治亚州州务卿。

现在，很多人都有一个很大的遗憾，就是没有机会接受大学教育。他们似乎认为未进大学是一种缺陷。但告诉你一个跌破大牙的事实，许多成功的人士都没上过大学，因此，上不上大学并没有这么重要。有谁听说过传奇人物阿尔·史密斯的故事？

史密斯的童年非常贫困。父亲去世后，靠父亲的朋友帮忙才得以安葬。他的母亲每天必须在一家制伞工厂工作10小时，再带些零工回来做，做到晚上11点钟。

他就是在这种环境下长大的，有一次他参加教会的戏剧表演，觉得表演非常有趣，于是就开始训练自己在公众场合演说的能力。后来他也因此进入了政界。

30岁时，他已当选为纽约州议员。不过对接受这样的重大的责任，他其实还没有准备妥当。事实上，他还搞不清楚州议员应该做些什么。他开始研读冗长复杂的法案，这些法案对他来说，就跟天书一样。

他被选为森林委员会的一员，可是他从来不了解森林，所以他非常担心。他又被选入银行委员会，可是他连银行账户也没有，因此他十分茫然。

如果不是耻于向母亲承认自己的挫折感，史密斯先生可能早就辞职不干了。绝望中，他决定一天研读16个小时，把自己无知的酸柠檬，做成知识的甜柠檬汁。因为这种努力，他由一位地方政治人物提升为全国性的政治人物，他的表现如此杰出，连《纽约时报》都尊称他是"纽约市最可敬爱的市民"。

这位传奇人物就是阿尔·史密斯。

在阿尔开始自我教育后的10年，他成为纽约州政府的活字典。他曾连续任4届纽约州长，当时还没有人拥有这样的纪录。1928年，他当选为民主党总统候选人。包括哥伦比亚大学及哈佛大学在内的6所著名大学，都曾颁授荣誉学位给这位年少失学的人。

如果史密斯先生不是每天勤读16个小时，把他的缺失弥补过来，他绝对不会有后来的成就。

尼采对超人的定义是："不仅是在必要情况之下忍受一切，而且还要喜爱挑战这种情况。"

如果你对那些事业有成者做过深入的研究，就会深刻地感觉到，他们之中有非常多的人之所以成功，是因为他们开始的时候都有一些会阻碍到他们的缺陷，促使他们加倍地努力而得到更多的报偿。正如威廉·詹姆森所说："我们的缺陷对我们有意外的帮助。"

是的！很可能弥尔顿就是因为瞎了眼，才能写出更好的诗篇来。贝多芬因为聋了，才能作出更好的曲子。

海伦·凯勒之所以能有光辉的成就，也就因为她的瞎和聋。

如果柴可夫斯基不是那么的痛苦——他那个悲剧性的婚姻几乎使他濒临自杀的边缘——如果他自己的生活不是那么的悲惨，他也许永远不能写出他那首不朽的《悲怆交响曲》。

如果陀思妥耶夫斯基和托尔斯泰的生活不是那样地充满悲惨，

他们可能也永远写不出那些不朽的小说。开创生命科学的达尔文也说："如果我不是那么无能，我也许不会做到我所完成的这么多工作。"很显然，他坦诚自己受到过缺陷的刺激。

达尔文在英国诞生的同一天，在美国肯塔基州森林里的一个小木屋里也降生了一个孩子。他也是受到自己缺陷所激发而成就了一世伟业。他就是亚伯拉罕·林肯。

如果他出生在一个贵族家庭，在哈佛大学法学院得到学位，又有幸福美满的婚姻生活的话，他也许绝不可能在他心底深处找出那些在葛底斯堡所发表的不朽演说。也不会有在他第二次政治演说上所说的那句如诗般的名言——这是美国的统治者所说过的最美也是最高贵的话："不要对任何人怀有恶意，而要对每个人怀有喜爱……"

佛斯狄克在其著作中提到："有一句斯堪的纳维亚地区的俗语说，冰冷的北极风造就了爱斯基摩人。我们什么时候相信人们会因为舒适的日子，没有任何困难而觉得快乐？刚好相反，一个自怜的人即使舒服地靠在沙发上，也不会停止自怜。反倒是不计环境优劣的人常能快乐，他们极富个人的责任，从不逃避。我要再强调一遍——坚毅的爱斯基摩人是冰冷的北极风所造就的。"

如果我们真地灰心到看不出有任何转变的希望——这里有两个我们起码应该一试的理由，这两个理由保证我们试了只有更好，不会更坏。

第一个理由：我们可能成功。

第二个理由：即使未能成功，这种努力的本身已迫使我们向前看，而不是只会悔恨，它会驱除消极的想法，代之以积极的思想。它激发创造力，促使我们忙碌，也就没有时间与心情去为那些已成过去的事忧伤了。

世界著名的小提琴家欧尔·布尔在巴黎的一次音乐会上,忽然小提琴的琴弦断了一根,他面不改色地以剩余的三条弦演奏完全曲。佛斯狄克说:"这就是人生,断了一条弦,你还能以剩余的三条弦继续演奏。"

这不只是人生,这是超越人生,是生命的凯歌!

威廉·伯利梭的这句话说得非常好,应该刻在铜板上,挂在每一所学校的教室里:"生命中最重要的一件事,就是不要把你的收入拿来算做资本。任何一个人都会这样做。真正重要的是要从你的损失中获利。这就需要有才智才行,聪明人和傻子的区别就在这里"。

你不如人,是你不努力

你不如人,是你不够努力!

狄更斯曾经说过:"顽强的毅力可以登上任何一座高峰!"古往今来,有许多名人都是经过逆境走向成功的。像司马迁,他由于李陵一案身受宫刑,蒙受大辱,但他终于挨过磨难,发愤写完了辉煌巨著——《史记》。

再如现代华人张士柏,他经历了从游泳健将到高位截瘫的巨大变故,却并未因此既不振,反而将它化为动力,勤奋学习,完成了许多健康人都做不到的事情。还有张海迪、李政道……逆境中成材的名人不胜枚举。

不管顺境还是逆境主要靠内因来起作用。这样就可以解释为什么"自古英豪出贫贱，纨绔子弟少伟男"了，因为顺境中的人容易受迷惑，他们往往贪图享受，不知奋进，不知道苦难为何物。而没有志向，没有进取心的人，又怎么能成材呢？

逆境中的人则不同，他们饱受磨难，一次次与命运和困难做斗争，为走出逆境，大多都树立了远大志向和坚定目标。

人没有压力不抬头，没有动力不奋进，一旦两者兼备，就会发挥出令人吃惊的潜力，这正是顺境中的人不容易具备的。

当然，并不是所有身处顺境的人都不能成材，更不是所有逆境中的人都会成材，这之间没有必然的联系。顺境中的人如果能不图安逸，立下壮志，奋力拼搏，又愁不能成材呢？相反，逆境中的人如果经不起磨难，就会消沉下去乃至被吞噬。

逆境中的生命是顽强的，就像悬崖上的树苗，在山谷中穿梭的鹰，勇敢与海浪搏斗的海燕，它们都面对着险恶的环境。恶劣的考验使它们爆发出生命的力量，超越脆弱，绽放坚强。

吃得苦中苦，方为人上人。艰苦的生活对人是一种磨炼，是对意志品质的考验，也是人们培养自己远大理想和浩然正气的途径。

历史上著名的英雄人物，能成大事者，无不是经历了苦尽甘来的过程：齐桓公流浪十几年才成霸业，刘邦创业初期也在山林中蛰居了一段时间，韩信则衣食无着，四处游荡。这其中，最具代表性的当属朱元璋。

朱元璋17岁那年，天降灾祸，除了哥哥，家人都在瘟疫中死了。成为孤儿的朱元璋只好到附近寺院里去做行童。朱元璋十分能干，他每天要打扫佛堂、打钟、击鼓、上香、点烛,伺候长老一家,从早到晚忙个不停。

瘟疫之后又出现了灾荒。住持和方丈无法维持寺中几十号僧人的吃喝,只好动员大家自谋生路。要求和尚们有家的先回家,无家的云游四方化缘,等灾年过后再回寺庙里来。刚入寺仅50天的朱元璋,主动要求带上木鱼和瓦钵,云游四方去化缘。

离开寺院后,朱元璋一直往西南方向走去。走遍了安徽、河南的名川大邑,一路上风餐露宿,历尽艰辛。白天走乡串村,晚上找个破庙栖身。山栖野宿,受尽风霜之苦。

后来,朱元璋御制《皇陵碑》时,回忆起这段经历,对群臣讲道:"早起看谁家烟囱冒烟,就赶紧去讨口饭吃,天黑了踉踉跄跄地找个古寺栖身。"又说:"身如蓬逐风而不止,心滚滚乎沸汤。"

几年的流浪生涯,使朱元璋饱尝了人间的辛酸苦辣。最后,他终于推翻了元朝,成为明朝的开国皇帝。

一个人要想取得事业的成功,吃苦耐劳是难免的。古语有云:"天将降大任于是人也,必先苦其心志,劳其筋骨,饿其体肤,空乏其身,行拂乱其所为也。"大业没那么容易成就,梦想也没那么容易实现。只有吃得了苦,才能创造出灿烂的人生。

在生活中,所有的人都希望自己一帆风顺、处于顺境之中。然而,很多事情的发展是不以人的意志为转移的。如果平时不考虑遇到困难如何应对的话,那真的处于逆境中时必然会乱了阵脚。

其实,处于困难中的人只要记住一点就好,那就是相信困难只是一时的，只要努力克服了，就会进入光明地带。因为我们是逆境的"主人"，而不是逆境的"俘虏"。

在一生中，谁都会有遇到困难和挫折的时候，但面对它们的时候，只要客观对待，必然是一笔财富，因为它们可以使人变得更加成熟和睿智。所以，只要坚信这一点，我们就会离成功更近。

在困难面前，每个人获得成功的机会都是一样的。但并不是每个人都能取得成功，因为它属于坚忍者。在逆境之中，只有依靠不懈的努力、坚强的意志才能走向成功。

"昨夜西风凋碧树，独上西楼，望断天涯路。"成功的道路是孤独的，脚下的路必须自己走，无数日与夜的煎熬，多少怀疑和不解，都必须忍受。著名的企业家杰克·本顿曾这样说："苦难是一笔巨大的财富。我从苦难中获得的东西，都是我赢得成功必要的投资。"

苦难塑造了强者健康有力的品格，丰富了他们的斗争经验，锻炼了他们非凡的才干，而这些都是获取成功必不可少的因素。所以人们常说：苦难是成功之母。

你读过《时间简史》吗？如果你读过，那你对斯蒂芬·霍金这个名字一定不会陌生。这位被誉为继爱因斯坦之后最杰出的科学家，你可能想象不到，他是一个双手只有3个手指能够活动，既不能直立行走，又不能说话的高度残疾人。

在牛津大学上学时，霍金经常无故地摔倒，从牛津毕业，考入剑桥大学读博士后，霍金的病情开始加剧。在医院里，医生除了告诉他得的是一种极其特殊的运动神经细胞病之外，什么也没说。霍金从医生的眼神中得知，自己患了一种不治之症，也就不再寻根问底了。

疾病使霍金更加成熟，他在学业上更加勤奋钻研。1965年，年仅23岁的他进入剑桥大学任研究员，1969年成为该学院杰出的科学家。1985年，霍金不幸染上肺炎，手术后，他完全丧失了说话能力，他依靠电脑专家为他特制的电脑语音合成器，写出了两部书和一批科学论文，其中包括1988年出版的畅销书《时间简史》。

见过霍金的人是这样描写他的："干瘪抽搐的霍金无力地蜷曲在轮椅上，头向右歪着靠在椅背上，一张无法合拢的嘴似乎永远在天真地微笑，口水从右边的嘴角流到光洁的下巴上"，但"透过厚厚的近视镜片，霍金的眼睛是那么深邃，令人不由得想起他研究的黑洞、宇宙的起源等深奥的问题"。

霍金从来不忌讳谈自己的疾病，当别人问他怎么看待运动神经细胞病时，他总是回答："我根本不去想它，我尽可能地去过一种正常人的生活，不去想我自己的疾病，也不抱怨这种疾病让我无法去做一些事。"

霍金甚至拿自己的疾病开玩笑："我每天上床睡觉的时候开始想黑洞的问题，由于残疾，我的一个简单上床动作要花费很多时间，这给了我充分的时间来想问题。"

霍金是英国剑桥大学应用数学和物理系的终身教授，这是伟大的科学家牛顿曾经担任过的职位。2017年11月，霍金作出惊人预言，他说，2600年能源消耗增加，地球或将变成"火球"。2018年3月14日，霍金逝世，引发了全球各界的悼念。

美国实业巨子霍华特·约翰逊在回忆录中说:"我们感谢上帝!他赐予我们幸运的同时,也用厄运考验我们的意志,因为意志懦弱的人是不配获得真正的幸福的。"

有的人在厄运和不幸面前,不屈服,不后退,不动摇,顽强地同命运抗争,因而在重重困难中冲开一条通向胜利的路,成了征服困难的英雄和掌握自己命运的主人。在生活的不幸面前,有没有坚强刚毅的性格,在某种意义上说,也是区别伟人与庸人的标志之一。

种种事例表明,那些取得成功的人并不是什么"神人",只是比失败者更懂得努力罢了。他们相信"机会垂青于有准备的头脑",所以在机会还没有到来之前就已经开始做好充分的准备,当机会来临时,他们就能做到"唾手可及"。

从另一个层面来说,成功的机会也是人创造的。成功的机会既有客观性,也有主观性,是两者的结合体。如果人发挥的主观性过强,必然也会影响客观环境,最终会给人一种"以人的意志为转移"的错觉。可见,人自身努力的力量是如此强大,起着非常要的作用。

其实,古往今来,有很多人都是通过自身的努力创造了机会,并最终取得了成功。无论身处何种环境,他们都在努力、在奋斗、在拼搏,最终造成机会的不期而遇。

另外,当他们的能力达到非常好的程度之后,机会也会接踵而至,同样,这些机会的质量也是非常高的。可以说,正是因为他们的主观努力,才有了这么多好的机会。也就是说,机会是对人的努力和准备的回报。

如果机会可被每个人轻而易举地得到,那么这种机会便显得没有多少价值了。事实上。机会往往是一种稀缺的、条件苛刻的社会资源,要想得到它,必须要付出相当的代价和成本,必须具备相应的足以胜任的资格,而这一切都离不开长期艰苦的准备。

这就是机会为什么更偏爱有准备的人的原因。

我们发现"把不幸也当作是一种机会"这种积极的人生态度是成功者的一大秘诀。许多成功的人不仅是开拓机会、捕捉机会的能手,而且还有发掘高潜能,高效运用机会的能力,他们的成功启示我们,一定要提高机会的利用率,把机会发挥到最大值。

你为何被人看成是小人物

你为什么总是被人看成小人物?原因很简单,那就是因为你还不够努力!

试想,在一些城市的失业大军中,有多少人没有工作能力呢?也许,大多数人都还有工作能力,至少有相当比例的人如此。但是他们却找不到工作。或许,他们只希望有人能给他们一份工作,是否胜任他们倒不在乎。但是在商业社会中,员工对公司的贡献必须超出薪资的相对利润,否则公司总有一天会倒闭,员工也就失去了工作。这就是他们找不到工作的主要原因。

俄亥俄州尤克里市的林肯电子公司需要200名员工,但在2万多名应征者当中,却找不到足够的人员,因为他们连中学的数学都不会做,这究竟是谁的错呢?

也许有人会认为父母没有好好管教他们读书,责无旁贷;也许有人认为教育制度太落后，已经不符合时代需要；另外有一些人则指责政府没有给予这些人足够的教育津贴。

事实证明，每个人都必须对自己负责，自行取得必要的资讯，才能获得自己想要的工作。例如，这2万名无法得到林肯电子公司优厚待遇的应征者，只要回学校进修数学，就有机会得到工作。

迈出第一步的确需要有足够的勇气，也可能面对某些尴尬的情形。但是如果一味地置之不理，问题绝对不会变得更简单或者更易于解决。

总之，想要找到工作，就要设法进修。每周进修3小时，10个星期就能增进你的技巧、信心及自尊。现在就立刻进行，你的生活必将为之改观！

有人说工作是成功之父，正直则是成功之母。如果能和这两个"家人"和平相处，其他家人也就不成问题了。可惜有太多人不肯花心思和"父亲"好好相处，对"母亲"更是完全置之不顾。还有一些人，一找到职业就不再好好工作。

很多人都以为工作应该既有趣又有意义，否则根本没有必要去做。金克拉认为，有了对工作的爱，又有酬劳，理该心满意足了。查理·高说，工作让人有胃口吃饭、睡得安稳、快快乐乐地度假。事实上，每个人都需要工作。

金克拉认为，没有任何人比他更热爱我的工作，但是其中的确有一部分相当烦琐：例如整年不断的交稿截止日期、因为飞机延误或取消班次，必须在机场坐数小时……

这些事既乏味又无意义，但却是他工作必须包含的部分，因此他就化被动为主动，利用飞机班次延误的时间研究一些事或写作。

伏尔泰说，工作可以使我们远离三大罪恶：枯燥、邪恶及贫困。基于这个观点，我们可以体会到工作的好处，并且明白"我们不是在'付出代价'，而是在'享受好处'。"

爱迪生说："世上没有任何事可以取代辛勤工作。天才是百分之一的灵感，加上百分之九十九的血汗。"

富兰克林说："用过的钥匙永远是亮的。"

理查·康伯兰也说："东西用坏总比生锈好。"

如果不努力工作，势必会失去生命中的许多欢乐和好处。希望每个人都喜欢自己的工作和相关的好处，随时拿出放长假前赶工的那股冲劲，不但会让你更喜欢工作，也能得到更高的薪金及赞美。

1983年5月，高龄95岁的海伦·希尔欣喜若狂地拿到了高中毕业证书。76年前，她高中毕业时，由于学校债台高筑，连毕业证书都无法付印，因此她和五位同学都没有拿到正式毕业证书。

至今，1907年毕业的那一班同学中，只有她一个人在世，所以老同学都无法分享她的快乐及兴奋。这件事告诉我们，昨日的失望可能成为今日的欢乐，永远都不嫌迟！

64岁的卡尔·卡森，忽然决定改变职业生涯。到了老年，大多数人都会想要退休，这真是不幸，因为许多64岁的人都还身体健康，并且累积了许多宝贵的经验。

卡尔原本经营卡车出产公司，至于新的生涯，他规划开一家顾问公司。先从十位顾客做起，达到目标之后，他决定再扩大范围，发行月刊，并且为1200名订户担任顾问。到了75岁，卡森每年必须搭机往返全美各地百余次，在各种聚会中演讲，生活得非常充实愉快。

卡森的故事告诉我们，只要有心改变、有心学习，永远都不嫌太迟！太多太多的人没有达到目标时，都会千方百计地找借口掩饰：住的地方不适当、年纪太大、年纪太轻……要达到目标，原本就非易事，但是只要肯努力，绝对是值得的。时光不能倒流，但是不论年龄大小，每个人都同样可以拥有梦想。

美国童军誓词说："我用荣誉保证，我愿尽全力完成对上帝和国家的职责，遵守童军守则，随时随地帮助别人，使自己身体健壮、头脑清醒、品德正直。"

誓词的最后提到"身体健壮"，的确，如果能好好照顾身体，在个人及家庭生活、事业方面，都可以有更多成就。根据研究，担任最高主管的人当中，百分之九十三都具有很强的活动力。其中抽烟者不到百分之十，经常运动者占百分之九十以上，而且每一位都了解自己的胆固醇含量，身体健壮的好处真是不胜枚举。

在这个瞬息万变的世界中，保持"头脑清醒"显然极为重要。由阅读、参加研讨会、聆赏教育视听媒体，以及课本中汲取广泛的资讯，为头脑做准备，当然是年轻人生活的一部分。此外，他们也从童军活动中了解，烟、酒及毒品都对身心有害，千万不能尝试。

最重要的，可能是"品德正直"。我们研究过全球排名五百大公司的最高主管，发现他们最重视本身的正直。1949年哈佛企管学院毕业的学生，该校有史以来最优秀的毕业生，几乎千篇一律地表示，他们成功的主要原因，就是有正直的操守。

由于童军誓词包含了上面所有的重要守则，因此能够成就社会上许许多多的赢家。让童军守则成为你生活的一部分，你也会成为人生的赢家。谈到工作，就一定会讨论到态度。爱迪生就是一个最典型的例子。一次，一名年轻记者问他："爱迪生先生，您目前的实验已经失败了一万次，请问您有什么感想？"

爱迪生回答："年轻人，你的人生才刚刚起步，让我告诉你一个妙用无穷的观念：我并没有失败一万次，而是成功地发现了一万种行不通的方式。"

爱迪生估计，他一共做了一万四千次以上的实验，才发明了电灯。他锲而不舍的努力证明了一件事：大人物和小人物之间只有一点不同，即努力不懈的小人物就会变成大人物。

只有放弃的人才是真正的失败者。杰瑞·魏斯特是美国最伟大的篮球选手之一。他小时候非常坏，邻居小孩根本不想和他一起打篮球，因为他不断苦练，终于扬名篮坛。

毅力、专心、努力、血汗、泪水这些字眼，当年常被丘吉尔用来鼓舞英国人。虽然听起来稀松平常，但却是成功最主要的因素。要克服某些障碍，也绝对少不了这些特质。

名演说家狄摩西尼斯因为有语言障碍，所以非常害羞退缩。父亲留给他一笔庞大的遗产，但是希腊法律规定他必须当众辩论获胜，才能继承遗产。

语障和羞怯使他失去了这份遗产。后来，他发愤图强努力苦练，终于成为留名青史的伟大演说家。这个故事告诉我们，只要最后能够爬起来，无论跌倒多少次都不算失败。

你已经尽力而为仍然没有成功，不要心灰意冷，不妨另外展开一项计划。一位好朋友曾经邀我一起做生意，但是生意并不好，所以我就先退出了。我的朋友后来赔了好几千元，生意结束之后，他理智地告诉我："其实我也讨厌赔钱，但是我最担心的是会因为这件事使我不敢把握其他机会。那样，我的损失岂不是更大吗？"他的话实在很有道理。

有一个年轻人的做法就大不相同。他最初和朋友一起勘探石油，但因资本用尽，只好把股份卖给朋友。后来他又进入成衣界，不料生意更差，甚至宣布破产。幸好他并未一蹶不振，又步入政界，他就是众所周知的杜鲁门总统。

所谓失败，就是一遇到阻碍就认输；成功则是锲而不舍，信心十足地做下去。如果某件工作比你预期的困难多，要记住，天鹅绒没办法磨利刮胡刀，老是用汤匙喂一个人吃东西也无法使他坚忍不拔。

万事俱备，一旦时来运转，就是成功的时候。机会往往就在不远的地方，只要多加一分努力就可以得到。

柯立芝总统说："世上没有任何东西可以取代毅力。天赋不能取代它，世上到处都是失意的才子；天才不能取代它，世界上也有许多被埋没的天才；教育不能取代它，世界也有学而不用的人。只有毅力、决心及努力才是成功的决定因素。"

攀登人生阶梯的时候，必须记住，每一阶梯都只是为了让你登到更高一层，不是让你休息。每个人都有疲倦、沮丧的时候，但是正如重量级拳王詹姆斯·柯贝特常说的："只要能比别人多打一回合，你就成为拳王了。"

威廉·詹姆斯说，人不仅能打第二回合，还能打第三回合、第四回合……甚至第七回合。我们都有无穷的潜力，只有努力发挥，才能展现它的力量。世界著名的大提琴家巴布洛·卡萨斯扬名国际之后，仍然每天练琴六小时，有人问他为什么这么卖力，他只回答："我觉得自己还可以进步。"

成功的机会是不会来敲门的，因为它存在于每个人的内心，保证有努力才能把机会引导出来。"打铁趁热"固然不错，如果能自己把铁打热岂非更好？

的确，毅力和努力实在太重要了。只要不断努力，继续磨炼技巧、发挥天赋，总有成功的一天。即使成功遥遥无期，你仍然是大赢家，因为你已经尽力而为。只要有这种锲而不舍的精神，成功的机会非常大。

世界上没有懒人，只有病人和没有开窍的人。病人应该就医。没有开窍的人应该做几件事：多读几本书、多听有益的演讲、多交益友。鲍伯·理查曾经是奥运冠军，也是美国数一数二的演说家，他认为"启发"对人非常重要。

奥运会不断有人打破纪录，是因为比赛的人看到别人卓越的表现，激发了选手更上一层楼的决心。

总之，许多"懒人"都有形象方面的问题。他们不愿意全力以赴，害怕万一做不好就失败了。如果他们只花一半的努力，失败的时候就有借口了。他们觉得自己不算失败，因为他们没有真正努力。这种人常常喜欢耸耸肩说："我无所谓。"作为失败的借口。

了解这一点之后，不妨再回顾一下你自己。如果你的自我形象仍然不好，请翻回前一章仔细研读，一直到建立良好的自我形象为止。

让苦难开出希望之花

如果说，生命是一朵常开不败的花，那么，痛苦就是滋润花的养分。没有经历过挫折的人生，是不完整的人生；缺少滋润它的养分的花，迟早也会枯萎。

有位哲人曾经说过："跌倒了并不可怕，可怕的是你一直沉浸在痛苦之中。"在漫长的人生道路上，你会遇到很多的痛苦，有些痛苦只是生活的插曲，而有些像是刻在心上的烙印，影响你一生。面对痛苦，我们不能沉浸其中，而是要正视痛苦，然后用行动化解痛苦。

中国女排连续几年没能获得世界冠军，中国的女排迷们几乎对她们失去了信心。但女排的姑娘们并不消沉，她们顶着来自各方面的压力，闭门训练，终于夺得世界冠军。

她们挽回了自己的荣誉，树立了女排迷们的信心。她们正确处理了挫折与痛苦之间的关系，并没有一味地放大痛苦，而是排解痛苦，化挫折为力量，为夺冠而时刻努力着。

春天总是在寒冷的冬天之后降临，春天总是从阴冷中的一丝微风开始。当你在痛苦中时，你就像处在寒冷的冬季，但你不要认为冬季很长，因为春天终究要到来，漫长的冬季总会过去。

有一个年轻的女孩，下半身被烧伤。这是一个曾经优秀而骄傲的女孩，也是一个脆弱得一碰就碎的瓷器。厄运来临的时候，她几乎疯了。当时，她的下半身溃烂，散发着恶臭。男友看到这种情况，找了个借口走了。

那个人走后，她突然变得冷漠而强硬。她的伤需要每天用纱布包起来，然后再被一层层地揭掉，每天换一次药。撕纱布的时候，病房里全是她的痛苦的呻吟，撕到后来，连医生也不忍下手了。

这时候。她反而对医生说："没事，我来撕。"她仍然呻吟着，大叫着，但她却撕得十分残忍，像在对付敌人。到后来，第十天的时候，她已可以在撕着那些包扎伤口的纱布时，没有一点痛苦的表情了。

后来，有人问她是如何忍过这几乎是世间最难忍的疼痛的。

这个女孩说："我哭过，我喊过，我叫过，我骂过，可有用吗？这些疼痛发生在我身上，只有我可以感知到，我只有承受，因为我爱自己的生命。"

她说："跟生命相比，疼痛已不重要了。对付疼痛其实很简单，我每天把这些疼分成若干个部分，我告诉自己，我只忍十分钟，十分钟过去了，我发现自己还能坚持，我就又给自己十分钟，就这样，一点点地与疼痛对抗，我就在这一寸寸的抵抗中，忘记了疼痛，活过来了。"

其实，对付痛苦，你只要像她那样，一个小时一个小时地抵抗，很快就会过去的。可以这么说，时间是对付痛苦最有效的良药。

快乐的人生，也会有痛苦。有的人能直面挫折，化解痛苦，而有的人却常常夸大挫折，放大痛苦。不一样的选择，不一样的人生之旅，而要让我们心里的戈壁荒原开满鲜花，就只有直面挫折，而不是放大痛苦。

人生只有走出来的美丽，没有等出来的辉煌，因此直面挫折，化解痛苦才是我们的最佳选择。没有必要因叶落而悲秋，也没有必要因痛苦而放弃抗争。因为一花凋零荒芜不了整个春天，一次痛苦也荒废不了整个人生。

痛苦和挫折是人生必然要遇到的难题，要想让我们心中的戈壁荒原开满花，只有在遭遇挫折时排解痛苦，积蓄人生的力量为新的目标而奋斗。这样，命之花才会常开不败，生命的存在才会有更为深刻的意义！

人生可以失去很多东西，但绝不能失去希望。只要心存希望，总有奇迹发生，希望虽然渺茫，但它永存人间。美国作家欧·亨利在他的小说《最后一片叶子》里讲了个故事：

>病房里，一个生命垂危的病人从房间里看见窗外的一棵树，在秋风中，树叶一片片地掉落下来。病人望着眼前的萧萧落叶，身体也随之每况愈下，一天不如一天。
>
>她说："当树叶全部掉光时，我也就要死了。"一位老画家得知后，用彩笔画了一片叶脉青翠的树叶挂在树枝上。最后一片叶子始终没掉下来。只因为生命中的这片绿，病人竟奇迹般地活了下来。

人生可以失去很多东西，却绝不能失去希望。只要心存希望，总有奇迹发生，希望虽然渺茫，但它永存人间。所以，当你遇到困境的时候，你一定要相信你自己，给自己希望，这样才能柳暗花明，走出困境。

>有两个盲人靠说书弹弦谋生，老者是师父，幼者是徒弟。徒弟整天唉声叹气，也无法学好手艺。因为眼盲，他甚至常常失去生活的勇气。
>
>一天，师父病了，在临终前，他对徒弟说："我这里有一张复明的药方，我将它封进你的琴槽中，当你弹断1000根琴弦的时候，你才能取出药方。记住，你弹断每一根弦时

必须是尽心尽力的。否则，再灵的药方也会失去效用。"

徒弟牢记师父的遗嘱，他一直为实现复明的梦想而弹弦不止。

50年过去了，徒弟已皓发银须，一声脆响，徒弟终于弹断了第1000根琴弦，他直接向城中的药铺赶去。当他满怀期望地等着取回草药时，掌柜的告诉他，那是一张白纸。

他明白了师父的用意，他学到了手艺，这就是药方，有了手艺他就有了生存的勇气。他努力地说书弹弦，成了一名艺人，受人尊敬。直到95岁高龄时，他才抱着三弦含笑告别人世。

前途比现实重要，希望比现在重要。任何时候，都不应该放弃希望，因为希望是创造成功、创造未来的"点金石"。

人生不能没有希望，所以无论我们身陷怎样的逆境，遭受再大的痛苦，我们都不应该绝望。失望时萌生希望，能驱散心中的浓雾，拥抱一片湛蓝的晴空。让我们带着希望活，活出一个最好的自己。

在痛苦时，只要把希望种在心里，即使一粒最普通的种子，最后也能长出奇迹！

第四章

这个世界,不是你一人在奋斗

在这个世界上,你不是一个人在奋斗,你的亲朋好友,你的至爱家人,甚至一些陌生路人,都会在你困难时为你助上一臂之力。世界残酷,而人心美好。活在这个世界上,你会时常感受到一丝丝温暖。愿你且行且珍惜。

幸福人生要用心灵体会

有一样东西，像春风，轻轻地拂过人的心畔；有一样东西，像清泉，静静地流过人的心田；有一样东西，像白云，悄悄地掠过人的头顶；有一样东西，像太阳，默默地温暖人的心灵。这种东西就是幸福。

家庭的幸福，我们往往在少年时代体会得最真切。我们过生日的时候，妈妈买了一个美丽的大蛋糕，又插上了彩色的蜡烛，爸爸妈妈他们都为我们庆祝，我们是不是感到幸福呢？

一次遇上雨天，我们忘记了带伞。正焦急万分的时候，出现了一个高大的身影举着一把黑色的伞，我们定眼一看，原来是爸爸举着伞来接我们了，我们感到幸福了吗？

那天气温非常低，而我们只穿了一件薄薄的T恤衫。正当我们冻得瑟瑟发抖的时候，奶奶把一件红色棉袄披在了我们的身上。我们穿上了这件棉袄，感到幸福了吗？

可是，许多朋友却很少能够体验到幸福。调查显示，面对"你觉得自己现在幸福吗"的提问，过半的青少年朋友自感"不幸福"，或者"不知道"。

"现在的孩子不好交流，总是不快乐的模样。"家长们也经常有类似的怨言。"如今的学生们显得老成，郁郁寡欢的多，没有过去学生那种阳光和朝气了。"教师们也在议论。

按理说，我们现在的物质生活提高了，而且大多数孩子都是独生子女，是家里的心肝宝贝，怎么会感觉不到幸福呢？或者不知幸福为何物呢？

当然，原因是非常复杂的。但是，不得不说，我们青少年没有用心体会生活，是其中的一个重要原因。

对于许多青少年朋友来说，父母的关心爱护、老师的谆谆教导、朋友的患难与共，仿佛都是应该的，不算什么幸福。只有那些得不到的，才是幸福。

其实，幸福很简单，就在我们的身边，无时无刻不在发生。不信，让我们来看一个小故事吧。

也许是因为我爱吃板栗，每次赶集，妈妈总会提上一大篮子。煮熟的栗子松软而富有韧性，轻轻地咬上一口，浓浓的甜味漫延于口中，一直甜到心头。

这一次，妈妈照例买了一大篮子板栗。只可惜，煮后，轻轻咬一口，苦涩的粉末震撼着全身，偶尔运气好点儿，才能够吃上稍甜的板栗。

还剩一锅，经过一番激烈的思想斗争，爸爸愁眉苦脸地宣布："倒了未免太浪费，不如硬着头皮一点一点吃下去，下次吸取教训，不再购买这类的板栗。"于是，当天中午，我们的午餐成了一锅板栗。

妈妈端着栗子走进餐厅，板栗独特的香气迎面扑来。放眼望去，粗糙的外壳却不像往常一般富有光泽。

爸爸剥了一个板栗，皱着眉头细嚼慢咽，我心不在焉地剥着板栗，望着黑不溜秋的栗肉，不知该如何是好。

突然妈妈递给我一瓣板栗，她激动不已："你尝尝，这一个板栗颜色稍浅,我想味道应该不错。"

我舔了一口,甘甜的粉末溶化于口中。"嗯,味道真好。"我竖起大拇指不住地赞赏。

妈妈微笑着低下头,拿起一块棕色的板栗。只见她小心地吃着,生怕触到某个苦味"原子弹"。我呆呆地盯着手中娇嫩珍贵的栗肉,某种东西涌上心头,鼻子酸酸的。

这时,爸爸也递给我一瓣板栗:"这块味道似乎也不错,你尝尝。"我细细品味着这美味佳肴。想象着爸爸必须对付另一瓣苦涩的板栗,心中不知不觉点燃一盏微弱的烛光,顿时照亮我的心房,很幸福很满足。

后来,妈妈虽然为我煮了许许多多的板栗,每次品尝它们,甘甜的味道冲荡其间,比吃了蜜还甜,但我总觉得不如那次淡淡的板栗好吃,也许我再也不能吃到那次温馨美味的板栗了。

幸福,就在那一瓣板栗中,故事中的这位朋友体会到了,而且体会得很深刻。亲爱的朋友,我们体会到这样的幸福了吗?

幸福就藏在日常生活中,关键在于自己是否用心去感受。一块巧克力、一杯牛奶、一份礼物、一句轻轻的祝福、一个温暖的呵护、一束激励的目光、一句体贴的话语、一丝灿烂的微笑、一个热情的拥抱,何尝不是幸福?

幸福,它如春风般温暖,如彩虹般美丽,如阳光般明媚。每个幸福的时刻,都会有一股温馨流遍我的全身,幸福是多么美妙,多么令人向往,令人回味……

鱼儿因为有了幸福,才会在大海中尽情地畅游,才可以在波浪中体验生命的风雨历程；草儿因为有了幸福，才能在阳光沐浴下享受那清爽的春风，在洁净的细雨下茁壮成长；鸟儿因为有了幸福，才能在广阔的天空中展翅飞翔，才可以在狂风暴雨中奋力展翅，展现自己的英姿。

幸福永远伴在我们的身边，只要善于发现，善于感受，我们便能时常体验幸福那甜蜜的感觉。幸福如花，懂得欣赏它的人，才能感受到它的芳香。幸福如火，懂得呵护它的人，才能感受到它带来的温暖，消融心灵的冰霜。

在生活中，我们很多人只顾着追求自己所需要的东西，来慰藉自己的虚荣心，但却忽略了身边的幸福，去羡慕别人的幸福。于是在匆忙的步履中，少了更多的快乐，直至岁月、容颜消逝后，回忆往事，只觉一片茫然，后悔自己不懂珍惜自己曾经拥有的幸福。

停下来吧！在匆忙的生活中慢下来，静静地享受身边的幸福所带来的快乐，它是"忽如一夜春风来，千树万树梨花开"，让我们在枯燥的生活中感受一丝丝的快乐；它是"山重水复疑无路，柳暗花明又一村"，让我们堵塞的心情一下豁达开朗，感到无比喜悦；它是在我们"问君能有几多愁，恰似一江春水向东流"的时候，让我们在孤僻的心灵中得到滋润……

是的，在生活的紧迫感下，我们无暇顾及身边幸福，于是在匆忙的岁月中，我们开始遗忘，但聪明的你，告诉大家：时间会给我们机会吗？在我们生命的尽头，时间会再让我们重温曾经自己所遗忘的幸福吗？

在生活中，不是时间没有给予我们机会，只是我们不懂把握机会；在生活中，不是幸福抛弃了我们，而是我们抛弃了幸福。

在岁月的长河里，幸福，悄悄地来，又悄悄地走了，留下来的不是它的足迹，有的只是更多的无奈与惆怅，只是曾经的匆忙的步履。每个人都有各自的幸福，幸福是不能交换的，不要羡慕别人的幸福，幸福是最珍贵的。

青少年朋友，幸福就在我们的身边，享受自己的幸福吧！

时刻感恩我们的亲人

没有阳光，就没有日子的温暖；没有雨露，就没有五谷的丰登；没有水源，就没有生命；没有父母，就没有我们。没有亲情和友情，世界就会一片孤独和黑暗。

英国作家萨克雷说过："生活就是一面镜子，你笑，它也笑；你哭他也哭。"送人玫瑰，手有余香。无论生活还是生命，都需要感恩。你感恩圣火，圣火将赐予你灿烂阳光；你怨天尤人，最终可能一无所有。

这些都是很浅显的道理，没有人会不懂。但是，我们常常缺少一种感恩的思想和心理。"谁言寸草心，报得三春晖""谁知盘中餐，粒粒皆辛苦"，这是我们小时候常常背诵的诗句，讲的就是要感恩。滴水之恩，涌泉相报；衔环结草，以报恩德。这些流传至今的成语，告诉我们的也是要感恩。

有一次，罗斯福总统家里被盗，失去了不少东西，朋友们纷纷写信安慰他，罗斯福却说："我得感谢上帝，因为贼偷去的是我的东西，而没有伤害我的生命；贼只偷去我的部分东西，而不是全部；最值得庆幸的是，做贼的是他而不是我。"

谁会想到，一件不幸的事，罗斯福却找到了三条感恩的理由。这个故事，可以说将感恩的美丽展示得淋漓尽致了。

学会感恩，就是对世间所有人、所有事物给予自己的帮助表示感激，并铭记在心。只要我们常怀感恩之心，相信你会有所收获。

"谁言寸草心，报得三春晖。"父母给了我们生命，我们对父母要常怀感恩之心，是他们让我们来到了这个充满色彩的世界，让我们看到了世界的真善美。

从早上起来的一碗热腾腾的牛奶，到一年四季被子床单的换洗，你们应该心存感激，应该感谢上天给了自己那么好的父母，感谢父母给了自己健康的身体和一个完整的家。

老师给了我们知识，我们对老师要常怀感恩之心。是老师帮我们开启了知识的大门，是老师让我们懂得了在生活中如何对于别人的帮助去说一声"谢谢"，是老师让我们明白了受到别人的恩惠，当涌泉相报，是老师从青丝到白头在三尺讲台上教书育人，他们最大的心愿就是学生个个有出息。学生能常怀感恩之心，就有用不尽的学习动力。

兄弟姐妹从小照顾我们，呵护我们，帮助我们，使我们懂得了亲情的真谛，使我们一路走来，温馨备至，我们同样不能忘记他们。

朋友给了我们友谊，我们对朋友要常怀感恩之心。朋友能与你患难与共，在你最困难的时候，朋友能千方百计帮你，给你"打气"给你信心，助你跨过学习上各种各样的障碍物。让你刻骨铭心地觉得，朋友的情谊终生难忘。

只有知道了感恩，内心才会更充实，头脑才会更理智，眼界才会更开阔，人生才会赢得更多的幸福。懂得感恩的人，是勤奋而有良知的人,是聪明而有作为的人。

一对夫妻很幸运地订到了火车票,上车后却发现有一位女士坐在他们的位子上。先生示意太太坐在她旁边的位子上,却没有请那位女士让位。太太坐定后仔细一看,发现那位女士右脚有点不方便,才了解先生为何不请她起来,他就这样从嘉义一直站到台北。

下了车之后,心疼先生的太太就说:"让位是善行,可是起点到终点那么久的时间,中途大可请她把位子还给你,换你坐一下。"

先生却说:"人家不方便一辈子,我们就不方便这三小时而已。"太太听了相当感动,觉得世界都变得温柔了许多。

"人家不方便一辈子,我们不过是不方便这三小时。"多浩荡大气、慈悲善美的一句话。它能将善念传导给别人,影响周遭的环境氛围,让世界变得善美、圆满。

"善良",多么单纯有力的一个词语,它浅显易懂,它与人终生相伴,但愿我们能常追问它、善用它,因为老祖宗早就叮嘱过"善为至宝",一生用之不尽啊。

学会感恩很重要。这会减少一些抱怨牢骚、烦恼仇恨,心胸就会宽广和舒畅起来;常怀感恩之心,这是一种美好的情感,是生活幸福的催化剂,是事业成功的原动力,是一个人走向高贵,还原纯真的净化器。

很久以前,有一棵苹果树,一个小男孩很喜欢和这棵树玩耍。每天,他爬到树上,摘苹果吃,在树荫下打盹……他爱这棵树,树也爱他。

时间一天天地过去了,转眼间,小男孩长大了,他便不愿意和树玩了。一天,男孩回到树旁,树看起来很悲伤,树说:"孩子,咱们一起玩吧。"

"我不是小孩子了,我不会再到树下玩了,我想到森林里去玩。"男孩回答说,"我想要玩具。"

树说:"对不起,我没有钱。但是,你可以摘掉我的果实去卖,那样你就有钱了。"

男孩很高兴,他摘下树上的所有果实,然后开心地离开了。从此以后,男孩很久都没有来过,树很伤心。

有一天,男孩回来了。树见到男孩非常高兴,"来和我玩吧。"树说。

"我没有时间玩,我得为我的家庭工作,我需要一间房子来挡风遮雨,你能帮我吗?"

"对不起,我没有房子。但是,你以砍下我的树枝来建房子。"

于是,男孩砍下所有的树枝,然后又离开了。此后,男孩再也没出现过,树感到很孤独,伤心了起来。

突然有一天,男孩又回到树旁,树很高兴。"来和我玩吧。"树说。

"我很伤心,我开始老了,我想去航海,你能不能给我一条船。"

"用我的树干去造一条船吧。"

男孩照着树说的做了,他造了一只船,然后去旅行了,很长一段时间都没有消息。

许多年以后,男孩终于回来了。这时树不再要求男孩陪他玩了,"对不起,我的孩子,我再也没有任何东西可以给你了,没有苹果给你,也没有枝干给你,也不能供你乘凉……"树说。

"我没有牙齿啃。"男孩答道。

"没有树干供你爬。"

"现在我老了,爬不上去了。"男孩说。

"我真的想把一切都给你……我唯一剩下的东西是快要死去的树墩。"树含着眼泪说。

"现在,我不再需要什么东西,只需要一个地方来休息。经过了这些年我太累了。"男孩说道。

"太好了!老树墩就是倚着休息的最好地方。过来,和我一起坐下休息吧!"

男孩坐下了,树很高兴,含泪而笑……

这是一个发生在我们每个人身上的故事,那棵树就是我们的父母。小时候,依恋着父母,长大后,就会离他们而去找自己的世界。可是,当我们在受伤的时候,总会想起我还有个家,还有爸爸妈妈。当我们有困难时,我们会想到我们还有一棵树可以依靠。为了我们的幸福,父母总是心甘情愿地付出一切。你也许觉得那个男孩很残忍,但我们何尝不是他的一个翻版呢?

"感恩",是一种回报。我们从母亲的子宫里走出,而后母亲用乳汁将我们哺育。而更伟大的是母亲从不希望她得到什么。就像太阳每天都会把她的温暖给予我们,从不要求回报,但是我们必须明白"感恩"。

常怀感恩之心,是人类情感中至真至纯的芬芳美酒;常怀感恩之心,无论你贫穷还是富有,无论你处于顺境还是逆境,无论你是成功还是失败;常怀感恩之心,在你闪烁着感激的泪光中,花儿般灿烂怒放的将是一个春光荡漾的美妙世界！

人生于天地之间，时时保有一颗感恩的心最为可贵。人生中会遇到许许多多值得回忆的事和让我们无法忘怀的人，这些人在我们的生命旅途中，都曾给过我们爱，给过我们帮助，给过我们幸福和快乐。他们是我们应该感谢的人。

每一天，让我们怀着感恩的心感受阳光雨露；每一天，让我们怀着感恩的心领受食物；每一天，让我们怀着感恩的心领受他人的服务并给予回报。让我们怀着感恩的心感谢日月星辰，让我们怀着感恩的心感谢山河大地，让我们怀着感恩的心感谢社会人生，让我们感谢自己，感谢自己拥有一个懂得感恩的灵魂。愿感恩的心陪伴着每一颗心灵与天地常存！

"感恩"是一个人与生俱来的本性，是一个人不可磨灭的良知，也是现代社会成功人士健康性格的表现，一个连感恩都不知晓的人必定是拥有一颗冷酷绝情心的人。在人生的道路上，随时都会产生令人动容的感恩之事。

且不说家庭中的，就是日常生活中、工作中、学习中所遇之事所遇之人给予的点点滴滴的关心与帮助，都值得我们用心去记恩，铭记那无私的人性之美和不图回报的惠助之恩。感恩不仅仅是为了报恩，因为有些恩泽是我们无法回报的，有些恩情更不是等量回报就能一笔还清的，唯有用纯真的心灵去感动去铭刻去永记，才能真正对得起给你恩惠的人。

"感恩"是一种钦佩，这种钦佩应该是从我们血管里喷涌出的一种钦佩。"感恩"之心，就是对帮助我们的所有人和所有的事物对自己的帮助表示感激，铭记在心。

回报父母是一种感恩的行动，回报亲人是对他的爱戴，回报朋友是对他的真诚，回报老师是对他的尊敬。懂得回报是一种明智的行动，感动回报是发自内心的感动，回报是一种文明的举动。

只要我们常怀感恩之心，人生没有什么不幸会永恒得让人永久地淹没在痛苦的海洋里。世间的纷争、生活的烦恼，永远也不会屏蔽我们心中发出的淡泊而宁静的妙音。

真诚地爱你的另一半

多年前，金克拉的一位朋友经常因为婚外情和太太闹得水火不容，虽然他表面上很快乐，事实上却痛苦不堪。几年不见，再度碰面时，金克拉发现他判若两人。他快乐多了，更自在了，事业也有相当成就。

金克拉问他原因何在，他很兴奋地告诉金克拉，他发现一位美丽却寂寞、不被丈夫了解的小女人，就搬去和她住，热烈地追求她，因此生活得非常幸福美满。看到金克拉满脸愕然，他才得意地解释道，那个女人就是他结婚十五年的妻子。

金克拉虽然松了一口气，却不明白是怎么回事，就请他再说清楚些。他说得很简单，但他的方法却可以解决目前绝大多数的婚姻问题。他说："我发现，如果我用追求其他女人的体贴、细心、甜言蜜语去追求夫人，就可以拥有幸福、快乐了。"他又说，世上最可贵的事，就是拥有一个只属于你自己的人——让你爱她、信任她、尊敬她。

这种爱，就是对配偶全心全意的忠贞。忠贞可以带来快乐、安全、心灵的平静。如果夫妻间对彼此的忠贞有丝毫怀疑,婚姻生活一定非常可悲。

不幸的是,很多人对同事、下属、邮差甚至陌生人都亲切随和,对另一半却老是暴躁、粗鲁。为什么呢?金克拉曾以他三十一年幸福婚姻的经验,试着回答这个问题。上帝赐给成年男人一个美丽的女人,让他去爱她、尊敬她,她是他生命中最重要的人,而且一天比一天亲近。任何有责任心的已婚人士,必须有和谐的婚姻关系,工作才能有效率,生活才会幸福。

婚姻是家庭的基础,家庭则是社会的根本。换句话说,一个人用什么眼光看配偶、如何对待配偶及与配偶相处,都极具重要性,并且与个人的成功、幸福关系密切。

金克拉以他的亲身经验及观察,提出可能导致大多数婚姻问题的三点原因:第一,结婚一段时间之后,大部分人都已经习惯有配偶在身边,觉得一切都理所当然,不会再有任何问题。事实上,一切还言之过早,因为现在的离婚率高达40%,还有更多夫妻同床异梦;第二,生活环境造成的问题。大部分丈夫认为向配偶示爱太迂腐或太娘娘腔。喜剧里更有一些专门取笑妻子或丈母娘的;第三,道德标准改变。试婚、婚外情等行为,使婚姻失去了安全感,甚至造成恐惧。

任何幸福美满的婚姻,一定要有坚贞的爱做基础。到底什么叫爱呢?诗人为爱写诗,歌唱家为爱歌颂,每个人对爱都可以侃侃而谈,但却见解各异,当然也包括各位读者在内。

心理学家及婚姻咨询专家强调,父亲能为子女做的最重要的事,就是爱孩子的母亲;反之亦然。即使父母不爱子女,只要孩子知道双亲彼此相爱,觉得父母会同心协力给予他们安全,他们永远不必面对在父母亲当中选择一位的痛苦,心里也会有安全感。

现在的年轻人常常把爱与性相提并论,事实并非如此。爱是对另外一个人毫不自私的感觉,性却是绝对自私的。

许多夫妇在结婚典礼上信誓旦旦地表示永爱不渝,但往往过不了多久就恨不得置对方于死地。大多数人原本都真心真意地爱着对方,可惜爱像花木一样,不去灌溉就会枯萎。

快乐的婚姻能使每一个人在工作上表现得更出色。心理学家乔治·柯蓝说,爱需要语言及行动的滋润。爱就像银器一样,每天擦拭才会发出亮丽的光泽。可惜许多人都把配偶为自己做事视为理所当然,等到日久生腻,就已经难以挽回了。

柯蓝博士说,许多夫妻在感情陷入僵局之后,又会重新沐浴爱河。有道德责任感的人,为了挽救面临危机的婚姻,就会在责任心的驱使之下,重新开始追求对方。在这种情形下,具体表达爱意往往可以找回失去的爱。只要经常、坚定、持久地灌溉爱的花朵,婚姻就会越来越美好,不如意的事会越来越少。

威廉·詹姆斯说得好:"不是因为快乐才唱歌,而是因为唱歌才快乐。"他认为行动上的表现,可以加强精神上的接纳。卡耐基说:"积极行动,就会行动积极。"也就是说,你的行动表现得像在恋爱一样,就会发现自己真正在恋爱了。

金克拉曾描绘过一幅美好动人的婚姻生活画面。金克拉的嫂子乔儿到印第安纳州密西根市去探望她的长女,十天后回来。结婚三十三年以来,这是他们夫妻首次分开。乔儿下了车走向屋子,金克拉的哥哥立即飞奔上前。两人在庭院中热烈地拥抱,哭得像小孩子一样,发誓这辈子再也不分开了。

这一幕小别胜新婚的场面,正是真情至爱的表现。这份爱源自少年时代，经过青年时期的滋养、中年时期的奠基，在人生的黄金岁月达到了圆满美好的巅峰。

真爱是个成长、发展的过程，其中包含了人类所有的情绪、问题、欢乐及胜利。在这个过程中，困难的时刻比舒适的时候多，付出比收获多，限制比自由更多，面对的问题也往往比快乐多。金克拉哥嫂的情况就是如此。他们的生活一直很清苦，她为他生儿育女、煮饭缝衣，对他所做的每件事都用所有的信心与爱支持。他宠她、爱她、尊敬她。五个孩子需要大量的时间、金钱、爱心与管教，但是他们凭着坚定的信心，共同建立了一个美好的家庭。

也许我们从未看过任何人家拥有如此多的爱与欢笑，全家人聚在一起时，不需要其他游戏来改变时间。家庭是一个整体，我们要担负起家的责任。

真正把配偶视若情人的人，绝对不会把两人之间甜蜜生活的一切细节、彼此深挚的爱说给任何外人听。这样做，无疑是把最亲密、最隐私、最美好的关系变成大家谈论的题材，真爱是美丽的、隐秘的。

精钢唯有在高热及低温交替作用下才能炼成，高速公路一定要有高、有低、有弯度才会安全，爱情及婚姻也必须经过考验才会稳固。现代的许多年轻人根本不把法律放在眼里，试婚、同居的情形屡见不鲜。他们不了解两个有责任感的人相爱是怎么回事，也不知道爱与性的分别何在。如果性是爱的表现，而且存在于婚姻关系中，就是美好的。如果只是肉欲的发泄，就是自私的行为。

真爱也不是影视节目中的一见钟情。金克拉述说了自己的爱情故事："我第一眼见到我的红发美人就被她吸引住了，在追求她及新婚的前几年，我一直以为自己很爱她；但是坦白地说，结婚二十五年之后,我才体会到什么是真爱。11月26日,我们结婚即将满26年,但是这份爱仍然在生长。如果我可以在和她相处五分钟与做其他事之间做一个选择,我总是选择她。"

从金克拉的述说可知,这并不表示他们对任何事的看法都一致,也不表示他们从未有过争执,只是表示他们从来不会对彼此存有恶意。如果有一方知道自己错了,一定会心甘情愿地承认错误。他们都深爱对方,愿意把对方摆在第一。他们从来不会带着怒气上床。他们愉快坦白地相处这么多年,希望在他们踏上永恒之旅前,还可以共处许多年。

你能伤害的,永远是最爱你的人

托尔斯泰有句名言:幸福的家庭都是相似的,不幸的家庭各有各的不幸。要创造良好的家庭氛围,首先必须加强夫妻双方的共同心理修养,做到互敬、互爱、互勉、互让、互谅。否则,你能伤害的,永远是你最爱的人。

夫妻之间要经常进行情感沟通,彼此相敬如宾、恩恩爱爱、相依为伴,使家庭成为生活中平静的港湾,在家里能得到鼓励,得到关心,得到欢乐,让家庭生活充满生气,充满绚丽的色彩。

一对年轻夫妻中的太太哭着跟朋友说:"你快来,我恨他,我要和他离婚!"当她的朋友快速赶到他们家时,他们吵得正厉害。

丈夫说:"她很无聊,我上班好累,她说晚上要去散步,我说改天,她就又哭又闹,真是讨厌!"

妻子说:"你才讨厌,我在家做牛做马,为这个家洗洗涮涮,为你做饭,为你生孩子,我只要求散个步,你就会累死啦?"

妻子不满,继续说道:"哼!早知道生了小孩你不管,我根本就不会生,我们女人为何辛苦生下孩子,就一定要负责孩子的一切,又不能出去工作。"大夫说:"喂!生孩子又不是你一个人能办到,没有我你生什么。"妻子说:"哼!你有何贡献?"

丈夫说:"哼!没有我的贡献,你生什么?"

妻子说:"哈哈!你贡献了,那看看我们女人的贡献:我怀孕要忍耐呕吐,我要小心饮食,我连生病都不敢吃药,我要为肚里孩子注意一切,我怀孕行动不便,我不再能远行郊游,我要穿上大肚装,我要担心肚里孩子是否健康,我要定时去医院检查,我怀孕要破坏身材,我要烦恼妊娠纹的出现,生产后要努力恢复身材使丈夫不嫌弃,我要忍受疼痛....".

他沉默了。这场架吵完了,想一想,好像事实真是如此。他什么都没说,只是将妻子抱了抱,对她说:"对不起,我没有考虑到你的感受,我会加倍爱你。"

他是个大度的男人,听了妻子的话,他发现自己的妻子真的很辛苦。而他以前忽略了这一点,所以,当妻子对他发出一连串的"攻击"以后,他没有较真儿,而是选择了沉默和一个歉意的拥抱。

婚姻的日子要想长久，有时候需要睁一只眼闭一只眼。彼此心知肚明就好，往后的日子还很长，如果单纯为了洗刷清白而过于较真，反而会失去得更多。

婚姻不同于小孩子玩过家家，说散就散。它是男女双方爱情的见证，是情感的升华。因此，对于来之不易的婚姻，我们千万不可太过较真，否则，感情就会产生细小裂缝，日久天长，蚁穴溃堤，最终将难以修补。

聪明的人懂得如何用智慧去调整每一次二人关系的微妙变化，故而能够安然度过或大或小的婚姻危机。无论男人或女人，切忌在这一关键时刻放纵自己的情绪而把事情弄得更糟。

一对夫妻在日常生活中，能给对方带来最大伤害的话是："跟你在一起真亏，你根本配不上我。"在这样的话说出口时，我们是否想过，既然他配不上我们，我们又为何与他结婚？

记住，在婚姻中，两人是休戚与共的，如果你不幸福，对方同样不会幸福。而我们能给予对方的最美好的礼物，就是自己的幸福。英文里有句俗语：大凡是锅，早晚会有一个盖子相配。夫妻之间就是盖子与锅的关系。

一群女人围坐聊天时，有些人会平和地说话，有些人则一定要摆出一副强势的作风，总是把自己放在中心。比如，在家谁抓住了财政大权、在家谁怕谁、重大事情做决定时谁能拍板等。

通过仔细观察这些细小的动作与气派，我们可以大约地猜出其生活背后的隐情所在，包括她为何找不到对象、她为何离婚、婚姻中她为何要埋怨不休，等等。

幸福的婚姻绝非将军与士兵的搭配，而是将军与士兵角色不断变换中的搭配。瑜伽训练的基础是：收放自如、阴阳结合、保持平衡、游刃有余……中国传统中的中庸之道，正是幸福婚姻必备的基础。包容与妥协并非天生就能做到的，但却是在婚姻路上牵手一生必须学会的内容。

有一位女人刚结婚时男方家庭条件非常艰苦，但好在女方父母条件还可以，在女人嫁过来时给女人陪了不少嫁妆，所以生活过得也还算可以。但是，女人也因此从一开始就在男人面前有一种优越感，平时说话做事都是泼辣的性格，在家里绝对是说一不二。

男人很少做主，每次做重大决定都是听女人的，否则女人就会指责，甚至是谩骂他。在这个家里，女人的表现一直都非常强势。

这位女人非常勤劳能干，拿着"压箱底"的本钱，开了一个水饺摊、起早贪黑，养家糊口。由于她泼辣能干，短短几年就将生意迅速扩大，开起了几家颇具规模的饭店。后来，她不顾男人的反对，把摊子继续越铺越大，产业延伸到宾馆、电子、汽车销售等行业。

随着挣的钱越来越多，越来越成功，她感到无比地骄傲与自豪。在公司她是说一不二的老总，回到家他同样把自己的男人当作员工一样使唤、训斥。男人的自尊心受到了极大的伤害，虽然偶尔也会做出言语上的反抗，但在表面上还是强忍着这一切的"凌辱"。而她对这些却浑然不知。

人的欲望是不断扩张的。女人看到前几年许多投资房地产的人大多都挣到了很多钱，于是也决定把全部的资产抵押给银行，贷更多的钱来投资做房地产，男人极力地反对，因为这事他们闹翻了，开始了分居生活。

但是，她坚信这么多年自己的投资都是成功的，这次肯定也不会出错，所以这一次还得她说了算！她完全没有考虑男人的反对，如前面的每一次投资一样，这次还是她独裁决策。

没想到，这次她失算了。由于政策的调控加之市场需求的饱和，她投资房地产可谓是"生不逢时"，房价急速下滑，最后她破产了，而这时，男人向女人毅然提出了离婚。

女人非常伤心，最终也没有想明白男人为什么会这样做。也许男人是因为她没钱了，也许男人是实在承受不了她的霸道和长期以来的"凌辱"才这样做的，但这一切都已经不重要了。

一位事业有成的女强人曾这样对身边的人说："你知晓吗，婚姻中的顺服很重要。"这样的话出自强势的她的口中，令身旁的人非常震惊。她解释道，顺服的理念并非源自中国传统的三纲五常，而是更超然的包容妥协。改变自己，完善自己，其实比期待对方的改变更加重要。

这是一种重要的包容和妥协的形式，因为它是阳光的、主动的、积极的，无论事业、婚姻，还是平日的交往，明白何时包容和如何妥协的人，往往是充满自信、品格健全、善解人意的强者。

其实夫妻之间，没必要讲什么输赢，都是一家人，吃的是一锅饭，睡的是一张床，有什么必要非要争个你死我活？彼此谦让一点，包容一点，没有过不去的桥，更没有走不通的路。

不要贩卖爱、忠诚和友谊

在人生之路上,我们一定要记住,在任何时候,你都不是一个人在奋斗:小时候,你的身边有父母、有老师;长大后,你有领导、有同事;在困难的时候,你有家人、有朋友……

在这里,我们重点说一说朋友,朋友是一种真诚的互动,是心有灵犀的感应。真正的朋友,是一生的财富,应该用一生去珍惜。

美国学者约翰·查尔登·柯林斯说:"成功的时候,朋友认识我们。失意的时候,我们认识朋友。"《美国英语辞典》对"朋友"的解释是:"喜爱一个人;尊重、喜欢另外一个人,并且设法使他更快乐、更幸福。"换句话说,就是愿意为另外一个人做事。朋友是为你服务的人,是你的伴侣,是帮助你的人,是对你好的人。

如果一个人走到生命终点的时候,还有两个以上的朋友愿意随时随地帮助他,为他做任何事,那实在是太幸运了。

我们可以和朋友谈生活的所有方面——快乐、悲哀、希望、需要、胜利……在他们面前,可以不必隐藏自己脆弱的一面,因为我们知道朋友永远会为我们做最好的打算。

约瑟夫·艾迪森说:"友谊可以使快乐加倍,使痛苦减半。"

罗勃·赫尔则说:"有一个明理又有同情心的朋友,等于多了一个头脑。"

既然朋友及友谊如此可贵,怎样才能交到更多朋友呢?专门去寻找朋友,往往不容易找到;只要你努力去做别人的朋友,就会发现处处都是朋友。

山缪尔·强生说:"一个人如果不继续交新朋友,很快就会感到孤单寂寞,友谊是需要不断发展的。"相信他的话,你就不会孤独了。

有人说,陌生人只是"尚未结交的朋友"。《美国英语辞典》对朋友的解释是:喜欢一个人,愿意与他为伍,或者非常乐意为他服务。

这种解释充分表现出麦克·柯伯和他的朋友马克·魏曼在1989年7月9日开始攀登凯普峰的情形。凯普峰是一座3569英尺高的岩壁,位于加州北部亚斯麦山。对攀岩者而言,这是最难攀登的几座岩壁之一,即使全世界最有经验的攀岩老手,也不一定具有足够的体力及勇气。

魏曼和柯伯花了七天时间才登到山顶,途中曾遇到40℃以上的高温及猛烈的强风,为攀登增加了困难。爬到山顶之后,柯伯胜利地站着,魏曼却只能坐着——他是第一个不用双腿登上凯普峰的人。

1982年,魏曼绊了一跤,从此就瘫痪了。此后,他只能在梦中攀岩。但是柯伯努力说服他同行。当然,如果没有柯伯带路,一步一步帮着他往上爬,他绝对不可能完成这一壮举。第七天,柯伯无法把铁栓固定在山顶四周松软的石头上,他的友谊及勇气在此时发挥到了最高点。柯伯知道,如果这时候出丝毫差错,他们两人都可能没命,于是他背起魏曼,一路艰难地爬到终点。

俗话说得好,想要结交好朋友,自己就要先做个好朋友。希望你也能做个像麦克·柯伯那样的好朋友。

"总有一天我要跟你扯平!"这是一句大家常会听到的话,常被人拿来威胁对方,也有人真的说到做到。问题是,如果你只能跟对方"扯平",就永远也赢不了对方了。

接下来讲一则有关柏林围墙当年的故事。有一天,住在东柏林的人决定送给西柏林人一点"礼物"。他们在大卡车上装满了垃圾、碎瓦砾、损坏的建材,以及许多毫无价值的废物。然后把车子开过边界,得到出关证明之后,一股脑地倒在西柏林。

西柏林人自然很气愤,一心想跟他们"摆平"。幸好有一位智者极力劝阻,提出完全不同的建议。结果,西柏林人也同样装了一卡车东西——都是东柏林视为珍宝的衣物、食品及药物。他们把卡车驶过边界,小心翼翼地卸下货物,并且留下一块干干净净的牌子,上面写着:"每个人都按照自己的能力付出。"

西柏林人之所以这么做,是因为他们相信布克·T.华盛顿的一句话:"我不愿意让任何人使我恨他,因而侮蔑我的灵魂。"《圣经》上说,以德报怨就是在敌人头上"堆炭火"。在写作《圣经》的时代,在敌人头上堆炭火是上帝所赞许的善行。想想看,东柏林人看到那一卡车迫切需要的物品时,心里会有什么感想?必然是既羞愧又感激吧!这个故事告诉大家,要以柔克刚,不要以怨报怨,要做个心胸广阔的人。

朋友是我们一生的依托

朋友有很多种,只有好朋友才会真心对待我们,也只有好朋友才会为我们真心付出,为我们排忧解难。好朋友是我们一生的依托。

从前有两个人关系甚好,是不分彼此的好朋友。有一次,他们结伴而行,途中经过了一片沙漠,两人又累又渴。为了考验他们的友谊,上帝来到他们跟前说,前面有一棵树,树上结了两个苹果,谁吃了大的谁就能走出沙漠。

两人当时并没有急着去摘苹果,就在原地开始争论起来。他们都坚持要小苹果,谁也说服不了谁,嘴唇更加干渴,以致双双昏迷。

不久,一个人突然醒来,见朋友已经不在了,急忙往前跑,找到了苹果树,发现上边就剩下一个很小很小的苹果。他顿时傻了眼,觉得朋友欺骗了他,在困难时刻只顾自己。想起上帝说的话,他很绝望,知道自己走不出沙漠,但还是坚持向前走着。

他见到了他的朋友,当时朋友已经昏倒在沙漠中。他跑了过去,发现一个更小的苹果躺在朋友松开的手边。是的,他们的友谊经受了考验。

面对危难,这两个人都没有动摇过,都在尽力守护着友谊,心甘情愿为朋友付出,这才是真正的好朋友,也是友谊的可贵之处。

作为好朋友,当我们有困难的时候,他们会想着我们,把我们的事放在心上。一旦想到了办法,便会主动给我们提供帮助。

小信辞职后没有找到工作,无所事事,于是想回家乡休息一段时间,又担心家乡偏僻,消息不灵通,怕错过了这里的工作机会。对此,他在临走之前请好朋友们吃饭。饭桌上，他向朋友们说了自己的情况，希望大家能帮他留意一下城里的招聘信息。

其中一个朋友爽快答应："小事一桩，包在我身上，我找人帮帮忙，为你弄一份好工作。"见有人抢了先，又怕众人觉得自己不够朋友，于是大家争先恐后地表态，都说一旦有消息，肯定通知他。

小信见朋友们如此真诚，非常感动，许诺说等他找到工作后，一定请大家吃顿更好的。当时有位叫小立的好友一直没说话，见大家都说完了，于是站起来说："小信，既然你要回去，还不如到县城开店，经营好了肯定舒服自在，比在外边找工作强多了。"大家顿时没了心情，因为这些朋友掏心挖肺拍胸脯的保证好像白费。

见小立提出了这么一个建议，想留在大城市的小信顿时心凉了半截，觉得小立不够朋友，同是从一个地方出来的，非得让自己待在那个小县城里。回到家乡后，他换了电话，唯独没有与小立联系，有空便主动与那些朋友们打打电话闲聊。

在家一待就是半个月，时间过得太快了。可是，小信根本没有得到关于城里有什么工作的消息。即使朋友打电话来，也是聊些无关紧要的事。

时间一晃过去了半年。一天晚上，小立出现在小信的眼前，小信正在家里看书。不待小信开口，小立先说了："你换了电话也没告诉我，我只得跑一趟。现在城市晚报正在招聘记者，明天中午就结束了，我们赶紧去吧。"

小信随便收拾了一下，便与小立一起返回了城里。小信比较优秀，应聘成功。他答应过要请大家喝酒的，于是又去饭店聚了一下。

当时，朋友们又是一顿吹嘘，除了恭喜就是夸耀小信有才华。对之前答应帮忙留意工作的事，很少提起。这时，小立起身举杯说："为了小信的工作，大家都费了不少心思，现在终于安定下来了，我们庆祝一下。"

当时，小立就坐在小信旁边。趁大家酒酣之际，小信紧紧握住了小立的手。

路遇知马力，日久见人心。分清一个人是否够朋友，在酒桌上是看不准的。只有落实到行动中，在办事过程中才更能看清一个人的本质。这个时候再去认定朋友，就能从众人中找到好朋友。

一个人有一个朋友不容易。对待好朋友，一定要好好珍惜。然而，生活中，有些人随着地位、名声的提高，渐渐疏远了以前的好朋友。这种做法是不可取的，这种人不仅会让朋友们看不起，还会留下一个忘恩负义、趋炎附势的坏形象，不利于个人的发展。

杰克·伦敦很小的时候，因家境贫寒而不得不辍学。14岁时，他开始四处流浪。转眼间两年过去了，杰克·伦敦依然过着贫苦的日子。后来，他和姐夫一起加入了阿拉斯加淘金者的队伍中。在那里，他结识了许多朋友，不过大多数都是美国穷苦的劳动人民。

尽管大家的生活非常艰苦，可并没有因而丧失生活下去的勇气。在众多的朋友中，杰克·伦敦与一位名叫坎里南的人甚是投缘。坎里南来自芝加哥，他的经历里充满着苦难。

如果把他的苦难生涯记录下来,足够写成一部厚厚的小说。每当听他讲述自己的痛苦经历时,杰克·伦敦总被感动得潸然泪下。于是,写作的想法从杰克·伦敦的心底油然而生。他想以淘金生活为题材,写一部关于淘金者的书。

在坎里南的帮助下,杰克·伦敦的处女作终于在1899年问世了,当时他只有23岁。随后,他一部部精彩的作品也相继出版。因为他的作品都是以淘金工人的贫苦生活为题材,所以受到了广大中下层人士的喜爱。杰克·伦敦也因此走上了成功之路,远离了过去。

生活富裕以后,杰克·伦敦并没有忘记那些与他同甘共苦的朋友。他经常去看望他们,与他们一起喝酒、聊天。后来,杰克·伦敦因名声的扩大、财富的不断增多和社会地位的逐渐显赫,他开始过起了豪华奢侈的生活,而且毫无节制地大肆挥霍。他的那些老朋友,也逐渐地被他遗忘了。

一次,杰克·伦敦的好朋友坎里南前来探望他。然而,在几个星期内,他只与杰克·伦敦见了一面。坎里南对杰克·伦敦非常失望,伤心地离开了。

从此,杰克·伦敦的那些老朋友们再也没有出现在他的生活当中。当然,杰克·伦敦再也写不出好的作品,因为他离开了朋友,也失去了写作的源泉。

1916年11月22日,处于精神和金钱危机中的杰克·伦敦选择以死亡来了结生命。

一个人在任何时候，都不能缺少朋友。朋友在我们困难的时候会帮助我们，在我们误入歧途的时候会提醒我们。如果杰克·伦敦依然拥有以前的那么多好朋友，在朋友的帮助和提醒下，也不会走到轻生这一步。

在与朋友相处的时候，无论发生什么情况，都不要盲目猜疑朋友的真心。既然把对方认定为好朋友，就要充分相信对方。即使有值得猜疑的地方，也不要说出来，也要等事情有了结果再作定论。否则，因为自己的误解而失去了朋友，双方都不好受。

王鹏、冬冬、小强是从小一块儿玩大的铁哥们儿，彼此间的友谊十分深厚。可是，最近他们之间的友谊却因一些误会出现了裂痕。

有一天，王鹏遇到了小强。二人走进了一家小餐馆，聊了起来。王鹏对小强说："冬冬这个人真不够朋友。难怪人们说人的本性都是自私自利的，这回我算是领教了。"

小强不解地问王鹏发生了什么事。王鹏气愤地说："我和冬冬合伙开了一家小商店，我出资，他来打理，可到现在为止，一分钱的成本都没有收回来。一提到这些，他就告诉我说生意不好。而他呢？整天吃喝玩乐，日子过得相当惬意呢！这不，刚才我过来的时候还看到他跟几个陌生人走进了一家高级酒楼。"

小强对王鹏说："不会是这个样子吧？也许冬冬有什么不得已的苦衷。况且他也不是这样的人。"

王鹏余怒未消地说："算了，算了，就当我瞎了眼睛交错了人。咱们别说他了，我再也不想见到他。"

几天之后,王鹏和小强又在一家饭店里相遇了。二人落座后,王鹏说道:"等一会儿,我先给冬冬打个电话,让他也过来,咱们哥仨好好地聚聚。"

小强纳闷地看着王鹏,忍不住问道:"前两天你不是还在生冬冬的气吗?还说再也不想见他了。今天怎么了,雨过天晴啦?"

王鹏不好意思地笑了笑说:"是误会,是误会。上次我误会冬冬了。我们一起开的那个小店生意是不好。上次,他与几个陌生人去酒店,是为了谈一笔业务,正是因为那笔业务,才挽救了即将倒闭的小商店。"

上面这个故事里的冬冬就是一个甘愿为朋友付出,而不求回报的人。相信朋友,就是相信自己的眼光。如果不相信朋友,就是在怀疑自己的能力。毕竟,好朋友不是一朝一夕得到的。既然久经考验,就不要盲目地猜疑。

找到一个好朋友不容易,珍惜两人之间的友情很重要。不要为一些鸡毛蒜皮或捕风捉影的事情而破坏了友情,一旦出现了感情裂缝,想修复是很难的。另外,与不经常见面的好朋友要保持联系,因为时间会冲淡很多东西,包括我们好不容易得到的友情。

不要忽视你生命中的贵人

在我们的人生中，要使自己的事业成功，甚至达到更高的目标，一个重要的前提就是不能忽视出现在自己生命中的贵人。这类人往往不是有过人的智慧，就是有你无法想象的能力，如果当他们出现在你的面前时，你无视他们的存在，对他们视而不见，听而不闻，那么过后就是你使出浑身解数，到头来终将折戟而归。

所以，在现实生活中，我们一定要加倍留意随时会出现在你生命中的贵人，因为他们对我们的事业发展，往往是起到非常关键的作用。

汉高祖刘邦本来只是一个无业游民，他不愿从事寻常百姓的工作，反倒结交了众多游侠，当他见到秦始皇出巡的行列时，仰天长叹道："大丈夫当应如此。"从此广交各路豪杰，礼贤下士，将当时的萧何、张良、韩信等几个出现在他生命中的贵人收于帐下，最终打败霸王项羽，成就了帝王大业。

可以说，大到改朝换代，小到个人的成长，若不能重视自己生命中的贵人，王朝就不会兴盛，事业也不会发达，人生也不会有太多的成功。

在草原上有一个放羊的人养了一群羊，令他苦恼的是，羊群总是一种很散乱的样子，非常不好管理。

平日里，羊群在一起盲目地左冲右撞，如果有一只羊在一片新的肥沃的绿草地吃到新鲜的青草，后来的羊群就会一哄而上，你争我夺，会把草践踏掉，也全然不顾旁边有虎视眈眈的狼，或者远处还有更好的青草。晚上赶羊进栏时也会费很大的劲，它们总是四处逃窜，难以集中。

　　一个老人给他建议道："你驾驭好领头羊，一切问题都会解决。"

　　可是，哪只才是结束这种混乱局面的领头羊呢？牧羊人犯了难。老人告诉他：找领头羊要靠你的眼光，找到了，你还要会利用它，这样你才会放好这群羊。

　　终于，牧羊人通过观察，找到了领头羊，又经过一段时间的磨合，羊群放起来比以前轻松多了，不久，他成了一个有经验的牧羊人。

在现实生活中，有身居高位却使自己的"政令"不能通行的尴尬，有要及时树立自己的威信可又怕伤害官场元老的两难，要想打开局面，盘活职场就先要拿准你生命的贵人，分清谁是元老，谁有后台，谁最有威信。知道他们各自的利益所在，拿准你生命的贵人，这样就会便于拿出相应的策略来对症下药。

有这样一个故事：

　　公司董事长兼CEO的海风作为企业的创始人，已经带领企业在商海中拼搏了十几年。近几年，海风的身体由于以往的透支使用渐渐有些吃不消了，于是在他60岁这年把公司交给了自己的儿子——刚刚30出头的海洋，自己出任集团公司董事长，把CEO的位置交给了海洋。

新官上任不久，海洋就觉得自己工作开展得并不顺利，最主要的问题就是自己所做决策在推行过程所遇到了阻力。

海洋直接负责管理的这些人，有两种类型：要么就是企业的"老臣"，这些人不仅在集团发展过程中有苦劳更有功劳，而且从年纪上讲都是自己的叔叔辈，在他们眼中，海洋还是一个小孩子，自己也根本不能像对待其他下属那样以命令为之；要么就是自己的三大姑四大爷，都是自己的直系长辈，面对他们总有一些亲情的因素在里面，虽然海洋在经营企业的过程中，有自己的战略规划，但每一项决策在进行会议讨论的时候总是反对声一片，不要说推行，就是通过都是问题。

最开始，海洋以为是自己的计划可能存在问题，但经过几个回合下来，海洋发觉事实并不是如此，这些"老人"是有意在自己面前体现出他们的分量，故意刁难自己。

而集团的中层干部又大都是这些高层提拔起来的，海洋对中层的影响力也有限。渐渐地，海洋觉得自己被架空了，不是自己主宰公司的走向，而是自己被这几位"老人"所主宰。

虽然心里有很多的委屈和不舒服，海洋并没有表现出来，而是继续的闷头做事。但他眼睛没有闲着，心里也在盘算着该如何解决这个问题。

通过一段时间的碰壁以及思考，海洋发现"老人"之所以对自己有所抵触，无非两个原因。一是怕失去了自己原有的位置，二是以更谨慎的态度对待自己的决策。

第一种原因是一手提拔他们起来的海风已经渐渐淡出企业日常管理事务,"老人"们害怕自己这个新官会烧几把火,所谓"一朝天子一朝臣",新人有新政,这些"老人"怕跟不上节奏。

更深一层的意思是:原来海风在的时候,会念及"老人"的功劳与苦劳,可海洋对这些知不知道?是否会念情面?所以"老人"们才处处挑剔,目的是让海洋认识到这些人的价值所在。

为化解这部分矛盾,海洋出面邀请这些关键的"老人"出席特地为他们安排的酒会,并请出又一位关键人物——自己的父亲海风也同时出席。在酒桌上,海洋向大家敬酒,同时都如数家珍地把几个关键人过去的一些成绩道出。

由于海洋事先向父亲请教了这些人的成绩,准备工作做得足,让当事人很意外。在这几个关键人物眼里,没想到这"小家伙"居然还是知道自己为集团所做的一切,心里的顾虑也少了一些。

海洋敬了酒之后,海风对海洋说:"这些都是咱们集团发展的功臣,你要如同孝敬我一样地对待这些叔辈们。"

转过头又对"老人"们讲:"大家都是和我,和咱们集团风里雨里一起走过来的,我不会忘记大家,海洋也不会忘记大家,集团更不可能对不起大家。我年纪大了,先退居二线了,把公司交给海洋。他还小,还需要各位的提携照顾。我把咱们集团,把海洋交给诸位了。"

海洋也跟着表态:公司在短期内不会做人事调整。各位都是对集团有功之人，我一定会和爸爸一样善待各位叔伯。海风父子的表态，让大家觉得心里热乎乎的，也都表态支持海洋的工作。

最后海洋能打开局面，得益于他先拿准自己生命的贵人，然后再用策略，使自己的工作会事半功倍。

不忽视生命的贵人，要有原则和策略，在职场上，有人为了达到自己的目的，不惜违背自己的良知，不择手段、钩心斗角、争权夺利、丑态百出，可能会陷进钻营拍马的魔圈中而不能自拔，弄得自己身心疲惫。我们要善于逆流俗而为，以冷静的心态面对复杂的职场，不忽视生命的贵人，也就拿准了事情成功的关键。

宽容地对待每一位同事

宽容是理解和尊重的体现，是修养和美德的象征，代表着关心，蕴涵着信任。它不仅能够感化别人，同时也会为自己赢得广阔的空间。职场也是一个广阔的社会，同样要与各种各样的人打交道，我们在与不同的人交往一定要把握一个原则，那就是宽容。

宽容是解决问题的最好途径。待到你的勇敢战胜了一个个困难，你的慎重一再避免了失误，你的真情融化了别人心头的坚冰，你的灵活使我们化险为夷、转危为安，你的让步给双方带来了广阔的天地，你的赞美得到了公众的一致认可，人们便会更加理解你、信任你。

有一位部门经理，在一次外出时，手提包被盗，里面除了常用的钱物外，还有公司的公章。当她又内疚又担心地站在总经理面前讲完所发生的事情后，总经理笑着说："我再送你一只手袋好吗？你前段时间的工作一直非常出色，公司早就想对你有所表示，但一直没有机会，现在机会终于来了。"

那位没有暴跳如雷的总经理，用宽容的态度处理了这件事，使部门经理心怀感激，后来任凭其他公司有多么优厚的待遇聘请她，她都不为之所动。这就是宽容的力量。

在人生的道路上，我们总会遇到曲曲折折、坎坎坷坷。灿烂的阳光下，也有阴暗的角落；风和日丽的天空，也会有乌云飘来的时候；巨轮航行在大海上，经常会遇到狂风恶浪的挑战；车辆奔驰在大地上，经常有高山大河的阻碍；在人与人相处的过程中，也会遇到形形色色的人，或善解人意，知书达理；或心胸狭窄，蛮不讲理；或愤世嫉俗，感情用事；或宽容大度，冷静沉着。

宽容是一种博大的胸怀，是一种崇高的美德。

在前去上班的公共汽车上，一位女士无意间踩疼了一位男士的脚，便赶紧红着脸道歉说："对不起，踩着您了。"不料男士笑了笑："不不，应该由我来说对不起，我的脚长得也太不苗条了。""哄"的一声，车厢里立刻响起了一片笑声，显然，这是对优雅风趣的男士的赞美。而且，身临其境的人们也不会怀疑，这美丽的宽容将会给女士留下一个永远难忘的美好印象。

一位顾客不小心摔倒在一家整洁的铺着木板的商店里,手中的奶油蛋糕弄脏了商店的地板,便歉意地向老板笑笑,不料老板却说:"真对不起,我代表我们的地板向您致歉,它太喜欢吃您的蛋糕了。"于是女士笑了,笑得挺灿烂。而且,既然老板的热心打动了她,她也就立刻下决心"投桃报李",买了好几样东西后才离开了这里。

这就是宽容——它甜美、温馨、亲切,宽容不仅给别人带来了快乐,也为我们在职场赢得了更广阔的空间。

宽容本身也是一种沟通、一种美德。假如生活中,我们受到了不公正待遇或自己身边的人做错了什么,千万不要生气愤怒,而应学会宽容。生气愤怒是人类最坏的毛病之一,它是在用别人的过错惩罚自己,是一种徒劳的、于己于人无益的活动。

然而,要想做到宽容并不容易,需要有广阔的胸襟。当你的真诚被视作幼稚,你的勇敢被视作鲁莽,你的灵活被视作滑头,你的让步被视作软弱,你的慎重被视作保守,你的赞美被视作讽刺……

你怎么办?凄凄惨惨地躲起来哭?哭不能改变别人的看法,伤心的还是自己;喋喋不休地为自己申辩?那只能成为人们茶余饭后的笑料;羞羞答答地按照别人的看法来改变自己?那更会使自己失去自信,失去自我。

在没有被理解的地方,会激发出自尊的力量。不要乞求理解。不求理解,你就没有不被理解的烦恼;不求理解,你才有更加坦荡的胸怀和义无反顾的勇气。只有学会宽容,能够容纳不同的意见,让风和雨交织在一起,才能看到美丽的彩虹;让爱和恨缠绕在一起,才懂得真情的可贵;把赞美和批评留在心底,才能够塑造完整的自我，保持自己的良好品性。

人需要宽容，一个企业的发展需要宽容，一个国家的进步也需要宽容。在中国的历史上，宽容是有目共睹的。党的历史上，中国共产党为了团结一切可以团结的力量，战胜强大的敌人，先后多次和自己的对手国民党携手，开展了声势浩大的北伐战争和抗日战争，并最终推翻了封建社会，赶走了日本帝国主义，建设了新中国。

在社会主义事业建设中，中国共产党与其他党派肝胆相照，荣辱与共，共创美好未来。中国成功地收回了香港和澳门，并保持了繁荣和稳定，是因为实行了"一国两制"的创举。在爱国主义的大旗下，容纳很多非社会主义的内容。

对别人宽容不是纵容，不是没有原则，不是因为心慈手软才网开一面。对自己宽容，不是放纵自己的欲望，不是娇惯自己的任性，不是得过且过放任自流毫无追求。宽容，就像熬汤，只有火候合适，掌握好度，才可以使尴尬的局面变得轻松，使迷途的浪子痛改前非，使事业多一分从容，使生活多一份美好。

善待下属，众志成城

作为管理者，如果对下属好，下属会更加努力工作，从而创造出更多的效益。这就如同我们与朋友交往时，真心对朋友好，朋友有什么好事也会想着我们；与同事交往时，真心对同事好，同事也能够主动配合或支持我们的工作是一样的道理。

一个真心对人好的人，不仅会在交往中表示出友善而且会在生活中为他人着想，给他人提供实质性或彻底的帮助。做到了这一点，对方自然能够从中感受到我们的真诚与关怀，不忘报答我们。

福特汽车公司在不断扩大规模的过程中，董事会的每个成员都获得了十分可观的利润。与此形成鲜明对比的是，公司里的普通工人却始终都只有较低的待遇。

一天晚上，库兹恩斯参加了一个社交活动，很晚才回家。由于没有睡意，他站在宽敞明亮的书房中凝视窗外。当时，窗外的街道上到处都是刚下夜班的工人。

看见这些工人穿着单薄的衣衫，拖着疲惫的身体，迈着缓慢的脚步在刺骨的寒风中艰难地行走，库兹恩斯的内心深处突然涌起了一阵酸楚。他非常同情这些普通工人，因为他自己也是由一个煤厂的普通员工一路披荆斩棘走过来的。由此，他想到了福特公司的工人，并决定在总裁福特面前为工人争取一些利益。

第二天，库兹恩斯来到福特的办公室，将昨晚的所见所感告诉了福特，并把一份统计材料摆在福特的面前。

统计资料表明：起初，由于生产量的不断增加和生产技术的因循守旧，福特公司工人的劳动强度已经达到其他工厂工人的数倍，每连续4小时的工作后才能得到片刻的休息，而他们的工资水平却仅相当于整个底特律地区的人均工资水平。

后来，公司的生产技术虽然得到改进，但随着流水线作业的实施，"多劳有奖"的分级工资制度被取消，严重打击和挫伤了工人的劳动积极性,因此,大批工人纷纷离开了福特公司。

接着,库兹恩斯向福特提出了给工人涨工资的想法。福特微笑着说:"你的想法与我不谋而合。"之所以如此,是因为福特在前一天也经历了一件令自己感触良深的事情。

当天,福特带着儿子爱德赛在公司车间里巡视。当他们刚走进一个车间时,一名新来的意大利籍的工人停下手里的工作,死死地盯着爱德赛讲究的衣着和黑亮的皮鞋。

就在那一刹那,福特看到了这个工人脸上的仇恨和愤怒,心想:"他一定是在咒骂我说'老板的儿子是这么的富有,而我的孩子却一无所有,为什么我们所付出的与所得到的不能成正比?'"

福特把这种想法悄悄地告诉了儿子爱德赛,爱德赛对他说:"父亲,给他们加点工资吧。他们像机器一样不停地工作,很可怜。"

说完此事后,福特抬头看着库兹恩斯问道:"你认为应给他们多少日薪?3美元行吗?"

库兹恩斯摇了摇头,微笑着伸出5个手指:"5美元。"

库兹恩斯的回答显然吓了福特一大跳,福特没有立即同意,决定再考虑一下。

不久,福特公司召开了董事会,主要商讨工人的日薪问题。最终,董事会成员达成一致:实现5美元工作日,只要是福特汽车厂的工人,都能领到属于自己的一份。

这个举措在全美引起了强烈的反响,受到了工人们绵绵不绝的称赞。随后，全国各地的工人们都纷纷涌向底特律，希望在福特汽车厂工作。福特汽车厂顺势招收了很多高素质的工人，壮大了公司的整体实力，加快了公司的发展速度。

身为管理者的库兹恩斯和福特，都站在工人的角度上考虑问题，为工人们争取到了更多的报酬。虽然付出了不少，但得到了更多。

作为管理者，要想做到真心对下属好，首先要了解下属。只有如此，提供的帮助才会恰到好处，正好是对方想要的。

特朗普出生于豪门望族之家，颇具经商头脑。在沃顿金融学院读书期间，他就发现一个有800套住房闲置的公寓村，于是建议父亲将这个公寓村全部买下来，交给他经营。可是，他还要继续读书，不能潜心打理公寓村，所以他聘请了一个名叫欧文的人当经理，替他管理。

欧文这个人，确实颇有管理才能。在他的管理下，公寓村的各项工作很快走上了正轨，所有的事情都办得妥妥当当，特朗普根本就不用为公寓村的任何事操心。

然而，人无完人，欧文有一个令人闻而生厌的坏毛病——偷窃。仅仅一年时间，他偷窃的公物价值竟然高达5万多美元。

特朗普发现后，非常生气，恨不得马上让这个家伙走人。可是，他并没有这样做，而是理智地容忍了欧文，觉得对于欧文偷窃一事还需要慎重处理。

其原因有二：第一，他一时找不到一个才能可以与欧文相提并论的人来接替欧文；第二，他认为公司不仅是为了赢利，还要发挥传播文化、培训人才的作用。

作为一个公司的最高管理者，如果不能包容下属的小毛病，遇到有不良行为的人，不加教育就推出去，那是对公司、对员工不负责任的表现。

最后，特朗普决定帮助欧文改掉坏习惯。他找来欧文，跟他谈了许久，指出他的毛病后又给他增加了工资，并友好地建议他检点自己的行为，改掉盗窃的恶习。欧文因此深受感动，自此以后，就兢兢业业地工作，不但改掉了恶习，还为特朗普赚了好几百万美元。

特朗普了解了欧文，真诚地与其交流，不仅提供了物质帮助，而且提出了友好的建议。欧文从中看到了领导对自己的真心关怀，主动以利润报答领导。

真心对下属好，也是管理下属的一个方法。有了这个方法，下属也会主动为领导着想，体会领导的难处，从而主动克服自身的毛病，心甘情愿地服从管理。

北宋有个名将叫狄青，有一年，他被派去守边塞。出发前，好友向他推荐了一名叫刘易的猛将。这个刘易熟知兵法，善打恶仗，且对狄青前往的边塞情况很熟悉。不过，他有一个特点，就是吃饭总少不了一种菜，一顿没吃上就会暴跳如雷，骂不绝口，有时甚至还会打人。

刘易和狄青一起来到了边塞，每天都早起晚睡，忙于军务。很快,刘易爱吃的那种菜吃完了。要想再吃,只能再从内地带过来。

一天,士兵送来饭菜,刘易见少了自己的最爱,于是大发脾气,把食器扔在地上,并在军营里大闹。士兵告诉了狄青,狄青很生气。

后来,狄青没有责怪刘易,而是一面派人去内地买菜,一面安抚刘易。很多将领心里都不服气,觉得狄将军骁勇善战,多次建立奇功,刘易有什么能耐,值得狄将军要这么惯着他。

有些气盛的将领还想去与刘易一比高低,挫挫他的锐气。狄青知道后,劝阻大家:"刘易本来就不是我的部下,如果你们和他比武,争强好胜,传出去一定会给敌人可乘之机,现在我们最要紧的是加强团结,不能争一时之气。"

刘易得知这番话后,想着狄青特意派人去内地替他买菜,心里很感动。事后,他主动向狄青认错:"狄将军,您治军严整,我也早有耳闻。这次为了这点小事而大闹,您不仅没有怪我,还特意为了我派人专门跑一趟。我一定会报答您的这种大恩大德。"

从此,刘易不仅再也没有为菜的事闹过,还逢人便夸狄青大度。

人世残酷，但也有真情

这个世界很残酷，但也有真情。确实，无情的竞争，没有硝烟的拼杀，让人会感到阵阵凉意，然而，人间的友爱，亲情的温暖，又让人觉得春风拂面。如果我们无论对什么事情都会用善意和真情去对待，多为别人考虑，这样的人生一定会增添无穷的暖色，我们的事业也会获得意外的成功。

三国东吴的周泰是位武将，因勇敢善战很得孙权喜爱。建安二十三年，孙权留平虏将军周泰为镇守重镇主将。孙权借到前线视察的名义，来到前线，置酒宴款待众将。

席间，孙权乘众人酒酣耳热之际，让周泰脱去上衣，露出身上的累累伤痕。孙权指着周泰身上的伤痕一一询问是哪次战斗中留下的，周泰逐一作答。

最后，孙权拉着周泰的手流着眼泪说："将军临战勇如猛虎，从不计安危，以致数十次负伤，我怎么能不像亲兄弟一样对待你，把重任托付给你呢？"孙权的一番表演，使周泰感动得热泪盈眶。

在中国人眼里，"重赏之下，必有勇夫"是用勇者的常见方法，而在"施之以恩，动之以情"之后再"委之以重任"或"有所求"则是用智者的做法。

乔伊·吉拉德是美国汽车推销大王,他认为在推销中重要的是"要给顾客放一点感情债。"他的办公室通常放着各种牌子的烟,当客户来到他的办公室忘记带烟又想抽一支时,他不会让顾客跑到车上去拿,而是问:"你抽什么牌子的香烟?"

听到答案后,就拿出来递给他。这就是主动放债,一笔小债,一笔感情债。一般顾客会感谢他,从而建立友好洽商的气氛。

有时,来的顾客会带来孩子。这时,推销大王就拿出专门为孩子们准备的漂亮的气球和味道不错的棒棒糖。他还为客户的家人每人准备好了一个精致的胸章,上面写着:"我爱你。"他知道,顾客会喜欢这些精心准备的小礼物,也会记住他的这一片心意。

他说,他交到客户手上的任何一样小东西,他交到客户家人手上的任何一样小玩意儿,都会使客户觉得对他有所亏欠,客户欠下了他的一份情。这就是他给客户的感情债,不太多,可是有这么一点点就足够了。

乔伊·吉拉德的经验证明了这样一个道理:顾客不仅来买商品,而且还买态度,买感情。只要你给顾客放出一笔感情债,他就欠你一份情,以后有机会他可能会来还这笔债,而最好的还债方法就是购买你推销的产品。

真情最能打动人,运用真情,往往就会获得真情的回报。

红豆集团公司是江苏省第一家省级乡镇企业,该企业精心选用象征美好情感的"红豆"作为自己产品的注册商标，这一将情感因素融进品牌的做法，将产品与消费者之间的感情纽带巧妙地联系起来，并以其丰富的文化内涵深深吸引了众人。

老人把它视为吉祥物，非穿一件不可；年轻情侣把它当成爱情的信物，互相赠送；知识分子由"红豆"衣联想到"红豆"诗，因怀古而激起购买欲；海外侨胞则通过购买一件"红豆"衣，来寄托自己的一片思乡情……

由于红豆集团"以红豆名立誉，以红豆情传声，以红豆衣为载体，把华夏文化洒向世界，把故土情意赠予海外炎黄子孙"，从而征服了广大消费者的心。

"红豆"很快成为全国十大名牌之一，原来名不见经传、只有八台老式棉毛车当家的乡镇企业，一跃成长为拥有过亿元固定资产的现代化企业。

世间人们表达感情，多讲究赠人以物品，而物没必然情尽。最珍贵的是赠人以情，人生旅程，情始终会装在心中。人间冷暖是人最关心的，人与人的交往也往往就在这情中。你赠物品于他并不能暖心，而赠他一份真情，即是寒冬也会觉得暖烘烘，人自然也就归顺你。